Rossana Dentico

IN VIAGGIO VERSO ME

W0280741

In viaggio verso me

Copyright © Rossana Dentico 2020
Tutti i diritti riservati

A chi non si accontenta ed è sempre alla ricerca di qualcosa;

A chi è in perenne affanno;

A chi fa dei propri obiettivi un mezzo di crescita personale e non la sola via per la felicità;

A chi lascia casa per mettersi in gioco lontano;

A chi ama la diversità e non sopporta l'ingiustizia;

A chi è arrabbiato senza sapere il perché;

A chi ama così tanto da smarrirsi nell'amore;

A chi crede che il viaggio sia l'unica esperienza in grado di connetterci con due realtà, il mondo e noi stessi.

Prologo

Casa

La parola *casa* rimanda la nostra mente più a un senso di appartenenza che a un luogo specifico.

Casa, infatti, non è soltanto le quattro mura e il tetto sotto il quale ci ripariamo o il letto in cui dormiamo, ma molto di più: sono gli affetti più immediati, la famiglia, gli amici, i parenti; la gente che lavora nei posti in cui andiamo a fare la spesa, i sapori dei piatti tipici, gli odori comuni nell'aria, il dialetto che riecheggia quando camminiamo per strada nel luogo in cui siamo cresciuti.

Quando diciamo "torno a casa" è come pensare di attraccare nel porto sicuro; non importa cosa nel frattempo sia accaduto in mare aperto: casa resta casa e, quando ritorni, ritrovi tutto quello che avevi lasciato; sempre uguale, così com'era.

La percezione di *casa,* però, muta nel tempo. Crescendo le cose cambiano: c'è chi sceglie di restare a lungo a casa dei propri genitori e chi, invece, si trasferisce in un'altra città e, per ragioni di studio o lavoro, trasloca in un appartamento solitario o con dei coinquilini; altri ancora scelgono di sposarsi e convivere, formando così un nuovo nucleo famigliare.

Casa per me era il posto in cui sapevo dove trovare quello che cercavo: il pane, i piatti e i bicchieri, le magliette preferite e la carta igienica; il profumo dell'ammorbidente, l'ordine e la precisione di mia madre, la tovaglia piegata a metà sul tavolo in cucina, le piante sul balcone innaffiate ogni giorno con amore, i giornali nel cestino del bagno e le pareti della mia stanza completamente ricoperte di foto: tanti scatti che ancora oggi mi raccontano pezzi della mia vita ogni volta che mi fermo a guardarli.

Stare a casa non mi dispiaceva, anzi, avevo tutto ciò che mi serviva: tanti libri, vestiti e una stanza piccola, tutta per me e sempre in perfetto ordine, almeno secondo i miei standard. Per quelli di mia madre, invece, non lo era mai abbastanza e mi rimproverava di essere disordinata. "Se non sei capace di gestire una casa ed essere ordinata avrai difficoltà un giorno a gestire la tua casa e la tua famiglia!" Diceva.

Questo suo discorso mi sembrava assolutamente prematuro rispetto alle preoccupazioni che stavo affrontando in quel momento: ero rientrata da poco in Italia dopo aver trascorso l'estate in Grecia, lavorando come animatrice turistica in uno di quei tristissimi villaggi turistici per soli italiani all'estero. Quelli in cui si parla solo in italiano e la gente non fa altro che lamentarsi della scarsa qualità del cibo e fa regolarmente paragoni con la nostra cucina.

Non credo sia molto sensato andare in vacanza nella patria di *moussakà, souvlaki* e *tzatziki* e scegliere di mangiare solo cibo italiano con la pretesa che sia preparato a regola d'arte; sarebbe un po' come aspettarsi che la nostra nonna di origini baresi cucini un ottimo *Pad Thai* esattamente come lo si prepara in

Thailandia e che magari abbia anche dimestichezza con le bacchette. Ci avrei messo qualche anno per capire quanto a noi italiani piaccia lamentarci di tutto; sembra uno dei nostri passatempi preferiti e anche un ottimo modo per intrattenere conversazioni. Dopo gli esami di maturità ero molto confusa e cercavo di capire con un po' di difficoltà quale strada intraprendere. In quel momento della vita hai l'impressione che il mondo intorno ti urli:

"Hey! Ora si fa sul serio! Il tempo tra i banchi di scuola è finito, adesso inizia la vita vera e devi essere pronto a fare la scelta giusta". Si pretende che a soli diciott'anni sappiamo già cosa fare da grandi. Segue, così, la fase delle domande e delle considerazioni non richieste:

"Hai deciso che facoltà frequentare?"

"Cosa ti piacerebbe fare?"

"Che scuola hai frequentato?"

"Quando hai intenzione di scegliere?"

Le considerazioni sono le più disparate: se, ad esempio, scegli di studiare filosofia ti sentirai probabilmente dire che la tua scelta non ti offrirà molte opportunità lavorative oltre all'insegnamento, che i docenti non guadagnano bene e che spesso vivono un'intera vita nel precariato rincorrendo il sogno della cattedra. Magari se hai frequentato un istituto tecnico o professionale, o un liceo classico, o peggio se sei stato rimandato un anno ed esprimi interesse per un corso di laurea in ingegneria o chimica, i tuoi interlocutori manifesteranno un fastidioso scetticismo e metteranno in discussione l'opportunità della tua scelta a fronte delle loro esperienze scolastiche passate. L'atteggiamento diffuso nella nostra società sembra incoraggiarci a evitare le difficoltà, a scegliere la strada più facile e che si ritiene più sicura. Prima o poi, però, la vita insegna che a qualunque scelta corrisponderanno delle difficoltà; ha più senso, dunque, battersi per superare le sfide legate a qualcosa in cui crediamo e che ci appassiona, piuttosto che ritrovarci a fronteggiare i disagi di un percorso che non abbiamo scelto in base ai nostri desideri, ma a cui siamo stati indotti dai più svariati suggerimenti.

Dove sono finite tutte quelle storielle sull'importanza di seguire i propri sogni con cui ci ammaliavano da bambini? E se poi scegliessimo di studiare qualcosa che ci appassiona e interessa e successivamente capissimo che le nostre inclinazioni professionali divergono dal percorso di studi scelto, sarebbe davvero la fine del mondo?

Anni dopo avrei conosciuto Olly, un ragazzo che aveva studiato filosofia alla prestigiosissima università di Cambridge; mi raccontò che, terminati gli studi, aveva trascorso alcuni anni seduto alla scrivania di una prestigiosa società inglese e, solo allora, aveva finalmente capito cosa fare da grande: il giardiniere.

L'entusiasmo e la convinzione con cui mi spiegò come lo studio della filosofia lo avesse aiutato a capirsi, e quindi capire quale professione intraprendere, mi lasciò senza parole.

Ma cosa volevo fare, io, da grande?

Una parte di me voleva continuare gli studi ma non riuscivo a scegliere un percorso di laurea che racchiudesse tutti i miei interessi: Storia era una delle mie materie preferite, mi è sempre interessato capire il perché di certi avvenimenti e credo che sia fondamentale capire il passato per comprendere ciò che accade oggi a livello globale.

L'unico corso di studi che sembrava poter soddisfare questa mia esigenza era *Scienze Politiche e Relazioni Internazionali*. Mi interessava anche la psicologia, mi consideravo, però, una persona cervellotica e temevo di accentuare questo mio aspetto.

In realtà non ero certa nemmeno di voler proseguire gli studi e mi spaventava l'idea di intraprendere un percorso che avrebbe scandito gli anni a seguire secondo gli orari delle lezioni e le date delle sessioni d'esame. Mi chiedevo se, per apprendere qualcosa in più sul mondo, andare all'università fosse davvero l'unica soluzione. La parte più ribelle e audace di me aveva voglia di libertà, avventura e scoperta. Volevo qualcosa di più, di diverso, qualcosa che non avrei potuto conoscere leggendo alcun libro o ascoltando le lezioni di nessun docente. Cosa di preciso? Non lo sapevo nemmeno io.

Anni prima avevo avuto la fortuna di visitare, in gita scolastica, tre diversi paesi: Germania, Inghilterra e Francia.

Salire su un aereo in Italia per toccare poi terra in un paese straniero mi aveva emozionata tantissimo, ero affascinata dalla diversità dei luoghi, del cibo e dal suono delle altre lingue. In particolare, durante la visita a Londra, rimasi colpita dall'incontro tra il mio prof. di inglese e una sua un'ex allieva a Piccadilly Circus[1]. Mentre i miei compagni di classe scattavano fotografie ai famosi schermi pubblicitari che fanno da cornice alla piazza, io ascoltavo incuriosita la chiacchierata tra i due: volevo capire cosa facesse quella ragazza tutta sola lì a Londra. Avevo appena diciassette anni, il mio inglese era terribile e rimasi fortemente impressionata non solo dall'abilità con cui lei lo parlava, ma anche dal coraggio che l'aveva portata, a soli ventidue anni, a vivere e lavorare così lontano da casa. Dopo una chiacchierata rapida Giorgia salutò il prof. e si allontanò, perdendosi con passo deciso in una folla di gente. Per la prima volta avvertii un pizzico d'invidia per chi si esprimeva così bene in quella lingua.

Un anno dopo avrei incontrato Sonia, una signora italiana di origini Milanesi che da anni viveva in Arizona ma che ogni estate portava i suoi figli in vacanza in Puglia. Mi chiedevo cosa ci trovasse di così

---

[1] Una delle piazze più turistiche della capitale inglese.

bello per tornarci di continuo e ci vollero molti anni prima di potermi dare una risposta.

Ho sempre amato ascoltare i racconti di vita della gente, soprattutto quando differiscono dal classico percorso che tutti seguono: università, posto fisso, matrimonio e figli. Sonia aveva una storia originale: ad appena ventitré anni si era trasferita da sola negli Stati Uniti, ci aveva lavorato e studiato, aveva viaggiato in diversi paesi del mondo e poi aveva incontrato suo marito e messo su famiglia.

Un giorno, mentre mi raccontava una delle sue avventure, mi chiese:

«Perché non vieni in America? Dici di voler imparare l'inglese, potresti lavorare come ragazza *au pair*[2]*;* ci sono tantissime ragazze che lo fanno.»

Era la prima volta che qualcuno mi proponeva qualcosa di diverso dalle classiche opzioni: *iscriversi all'università o andare a lavorare.* La facilità con cui mi propose di trasferirmi negli Stati Uniti mi fece, per un attimo, credere che quella strada fosse davvero percorribile. Per la prima volta mi immaginai all'estero, da sola, lontano da tutto. Quell'idea per un attimo mi esaltò, però mi fece anche un po' paura.

Tornata dall'esperienza in Grecia la mia voglia d'imparare l'inglese era solo aumentata, date le

[2] Le ragazze che vivono in famiglie che offrono vitto e alloggio in cambio di aiuto nelle faccende domestiche e cura dei bambini.

numerose occasioni in cui mi ero sentita incapace di comunicare con altri ragazzi di nazionalità diversa. Considerai seriamente la proposta di Sonia, ma mi resi presto conto che quell'opzione sarebbe stata più complicata del previsto: non avevo risparmi a sufficienza per fronteggiare tutte le spese necessarie. Intanto era arrivata la fine di settembre, le lezioni all'università erano già iniziate e io ero nel pallone.

Decisi di parlare delle mie difficoltà con il mio professore di Tedesco; avevamo instaurato un ottimo rapporto negli ultimi anni. Mi ascoltò attentamente nel suo ufficio che odorava di tabacco bruciato e vecchi libri:

«Prof, non so cosa fare: c'è una parte di me che vorrebbe continuare gli studi e ho paura che se non lo facessi me ne pentirei, d'altra parte però vorrei andar via, partire, imparare l'inglese e vivere delle esperienze diverse».

«Cosa ti fa credere che entrambe le cose si escludano?»

Rispose, tirando una boccata di fumo dalla sua pipa.

«Quando avevo la tua età mi sono trasferito in Germania perché volevo imparare il tedesco, ma nel frattempo avevo iniziato l'università' qui a Bari. Ho alternato periodi di lavoro in Germania a periodi di studio in Italia.»

In quel momento sentii una voce parlarmi dentro, io lo chiamo istinto. L'istinto è, secondo me, quella voce che ti guida e ti suggerisce dove andare, cosa fare e cosa non fare; ascoltarlo non è sempre facile: non sempre siamo sintonizzati sulle reti giuste per poterne captare i reali messaggi. In quel momento, però, il messaggio arrivò forte e chiaro.

Avevo trovato la mia risposta: perché le due cose dovevano escludersi a vicenda? Chi lo aveva stabilito? Potevo sia studiare che vivere un'esperienza all'estero, scrutare il mondo da un altro versante e imparare finalmente la lingua che mi avrebbe resa libera di interagire con tutti senza la mediazione di nessun altro. Inviai subito un messaggio a mia madre e le comunicai che quel giorno stesso mi sarei iscritta all'università e che dopo il primo semestre sarei partita per passare qualche mese all'estero.

La meta più vicina per realizzare il mio nuovo progetto era la stessa di qualche anno prima: Londra mi aspettava.

Prima parte

In viaggio verso Londra

1

Mind the Gap

Dall'aeroporto avevo preso un bus che mi aveva portata a *Liverpool Street station*[3]; la tappa successiva era l'agenzia[4] di cui mi ero servita per prenotare la stanza che avrei condiviso con altre due ragazze. Mentre cercavo di tirar fuori dalla borsa la mappa su cui avevo evidenziato la strada da percorrere, la mia attenzione fu completamente rapita da ciò che mi circondava: un flusso di gente saliva e scendeva rapida le scale mobili dirigendosi verso la *underground*, i famosi autobus rossi a due piani che fino a qualche settimana prima avevo visto soltanto in tv erano lì, proprio di fronte a me, così numerosi che riempivano la famosa *Bishopsgate*[5]; il suono delle sirene delle ambulanze era assordante, tutto era in movimento mentre io ero ferma lì, tra quella folla di gente che, urtandomi sbadatamente, ripeteva senza nemmeno guardarmi la parola *sorry*.

---

[3] Una delle principali stazioni di Londra.

[4]Le agenzie gestiscono direttamente l'affitto di camere in appartamenti condivisi, offrendo un servizio discutibile sia al proprietario di casa che all'inquilino. Sono molto utilizzate da chi vuole affittare una camera a Londra dall'estero.

[5] Il largo viale di fronte alla stazione, dove si fermava un flusso incessante di autobus consorziati con le compagnie low cost che faceva la spola con l'aeroporto di Stansted.

Mi misi in cammino verso l'agenzia che distava circa quindici minuti a piedi dalla stazione, con la cartina tra le mani e trascinando con me una grossa valigia da più di 30 chili. Raggiunto l'indirizzo che cercavo, mi ritrovai di fronte a una porta bianca e stretta che sembrava più corrispondere a una casa mal ridotta che ad un ufficio aperto al pubblico. Bussai più volte, ma nessuno aprì. Guardai in alto: le finestre erano aperte e le luci accese. Insistetti. A un tratto sentii dei passi muoversi sulle scale, e un ragazzo dai tratti asiatici aprì la porta.

«Hi.» Disse, poi si voltò e risalì frettolosamente le scale.

Non sapevo se al piano di sopra avrei effettivamente trovato l'agenzia che stavo cercando, ma decisi comunque di salire per quella scala ricoperta da una moquette beige sbiadita e tendente allo sporco. A un tratto mi ritrovai dinanzi a due porte sulle quali non c'era scritto nulla: quella a sinistra era chiusa, quella a destra leggermente aperta.

«Dove cavolo sono finita?» Pensai.

Spinsi delicatamente la porta socchiusa e mi ritrovai di fronte a quattro ragazzi di un'etnia che non sapevo decifrare. Nella stanza c'erano delle scrivanie e dei telefoni e, mentre uno di loro era impegnato in una conversazione telefonica, gli altri fumavano dell'erba con aria rilassata. Mi guardarono ammiccando, sorrisero e mi salutarono, un po' vittima del modo di pensare italiano che ci insegna ad essere sempre diffidenti rispetto a situazioni lontane dalla nostra routine, mi dissi: "Ecco: la tua esperienza a Londra finisce qui. Ora ti faranno entrare, chiuderanno la porta e chissà cosa succederà."

Uno dei ragazzi mi chiese cosa stessi cercando e come potesse aiutarmi. Con un filo di voce, un po' intimorita, risposi con tre sole parole: *Italians in London,* il nome dell'agenzia. Il ragazzo mi passò di fianco quasi sfiorandomi, dato che c'era poco spazio tra me e la porta, e ripetè lo stesso *sorry* che avevo già sentito pronunciare mille volte da quando ero atterrata; bussò alla porta accanto e con un cenno mi fece intendere che l'agenzia che cercavo era proprio lì.

Un giovane aprì distrattamente la porta mentre continuava a parlare con delle ragazze sedute a dei banchi simili a delle scrivanie; al suono della lingua italiana tirai subito un sospiro di sollievo; il funesto presagio di poco prima mi abbandonò.

«Sei la ragazza che ha prenotato la stanza nella casa di Warwick Avenue?».

Il suo accento romanissimo mi scaldò il cuore e per un attimo mi sentii a casa.

«Sì, sono io.»

Guido, il ragazzo dell'agenzia, aveva le braccia ricoperte di tatuaggi, lo sguardo deciso e l'aria navigata di chi conosceva perfettamente la città, ma in realtà viveva lì da soli otto mesi, mi confidò. Mentre compilava dei documenti e riscuoteva la mia caparra, mi chiese:

«Come mai sei venuta a Londra?»

«Vorrei imparare a parlare inglese e magari trovare un lavoro.»

«Be', un po' come tutti credo. Hai fatto bene a venire qua, l'Italia è un paese morto, non c'è più futuro lì. Vedrai: ti troverai bene.»

Si voltò: alle sue spalle c'era una grossa bacheca piena di gancetti metallici da cui pendevano decine di piccole chiavi argentate fissate a portachiavi di plastica colorata. Ne prese uno.

«Tieni: queste sono le chiavi. Se decidi di andare via, devi darci due settimane di preavviso e riportarle indietro. Tutto chiaro?»

Annuii; Guido continuò:

«Sei venuta sola o conosci qualcuno ?»

«Sola, non conosco nessuno». Risposi.

«Brava, sei coraggiosa, allora in bocca al lupo! Ah... Ascolta, se posso darti un consiglio, non lavorare con gli italiani: ti pagano meno ed è più difficile imparare l'inglese stando tra noi; guarda me, parlo più italiano qui che a Roma!»

Rivolse uno sguardo complice alle sue colleghe e scoppiò in una breve risata.

«Crepi! Grazie per i consigli».

Chiusi la porta alle mie spalle e andai via.

Un po' frastornata ripresi il mio grande trolley, scesi le scale e percorsi la stessa strada al contrario verso la metro; da lì avrei dovuto cambiare treno due volte prima di arrivare alla fermata della mia nuova casa, *Warwick Avenue*. Nell'arco di pochi minuti mi ritrovai schiacciata come una sardina sulla linea[6] più veloce e affollata di Londra: la *Central Line*, che attraversa il centro della città e collega la parte Est a quella Ovest.

Durante il cambio per il treno successivo sentii forte dall'altoparlante un messaggio:

"*Mind the gap between the train and the platform.*"

Non fui in grado di distinguere bene le parole.

Avrei impiegato mesi prima di capire cosa significasse quella frase che, negli anni a seguire, avrei sentito riecheggiare negli altoparlanti di tutte le metropolitane della città.

La mia valigia era così ingombrante che impediva che le porte si chiudessero, e c'era così tanta gente

---

[6] La metropolitana di Londra conta ben 11 linee: la *Northern,* la *Central,* la *District,* la *Bakerloo,* la *Hammersmith & City,* la *Jubilee,* la *Metropolitan,* la *Piccadilly,* la *Victoria* e la *Waterloo & City.*

intorno che non riuscivo a farmi spazio per tirarla verso me; intanto sudavo a causa della notevole escursione termica tra il freddo di fuori e il caldo asfissiante di quel vagone, dato che non avevo sbottonato il caldissimo giubbotto che indossavo. Un gentile signore, vedendo che ero chiaramente in difficoltà, afferrò con fermezza il trolley e lo spostò.

Gli sorrisi, ma ero così imbarazzata dal mio scarso inglese che risposi solo con un timido *thank you,* che non so nemmeno se lui riuscì a sentire .

"*Door closing.*" Comunicò l'altoparlante, le porte si chiusero e il viaggio proseguì.

***

Il giorno seguente, appena sveglia, andai in cucina per preparare un caffè con la caffettierina che mi ero portata dall'Italia. Ad attendermi c'erano Salvo, il mio coinquilino di origini siciliane, Antonio, un suo amico di Napoli, e Umberto, che in quel momento dormiva sul divano.

«Sei la ragazza nuova?» Chiese Salvo. Risposi di sì e ci presentammo tutti.

«Stavamo giusto preparando un caffè, ne vuoi uno?»
«Si, grazie.» Sorrisi.

Dopo le solite domande di rito, Salvo, come aveva fatto Guido all'agenzia, mi chiese perché fossi lì; capii presto che sarebbe stata una domanda ricorrente.

«Vorrei imparare l'inglese e trovare un lavoretto per qualche mese.» E aggiunsi: «Credo un po' come tutti.»

Solo in seguito avrei capito che, a differenza di molti, non mi sentivo in fuga dall'Italia, dato che lì studiavo ancora e dopo qualche mese sarei rientrata per continuare con gli esami. Mi trovavo lì perché avevo voglia di mettermi in gioco, vivere un'esperienza fuori e imparare qualcosa di nuovo. Non sapevo precisamente cosa, ma ero certa che qualcosa avrei imparato.

Se la maggior parte dei letterati e degli artisti che avevo studiato sui libri di scuola si era messa in viaggio, o aveva scelto di cambiare città per trovare ispirazione e conoscere meglio se stessa attraverso il mondo, significava, probabilmente, che oltrepassare i confini del posto in cui ero nata e cresciuta per avventurarmi altrove mi avrebbe condotta alla scoperta di qualcosa di nuovo che io volevo vedere con i miei occhi e vivere con la mia pelle.

Cercai a quel punto di sfruttare l'incontro con chi in quella città viveva già da un po' e chiesi a Salvo se avesse qualche consiglio da darmi. Salvo mi guardò con l'aria di chi non sa da dove iniziare e poi disse:

«Hai il National Insurance Number? Hai aperto il conto in banca? Hai un CV in inglese? Hai mai lavorato come cameriera? E, soprattutto, parli inglese?»

La risposta a tutte queste domande fu la stessa:

«No!»

Avevo lavorato come commessa, receptionist e animatrice turistica, ma mai come cameriera.

«Se non parli inglese, il lavoro più facile da trovare sarà quello da *comis waitress.*»

«Cioè?»

Non avevo mai sentito quella parola prima.

«È la cameriera che non prende comande, porta solo i piatti ai tavoli e sparecchia.»

La mia mente era bombardata di informazioni: non sapevo da dove cominciare, tutto sembrava complicato e non proprio alla mia portata. Senza un conto in banca e il *National Insurance Number*[7], se mai avessi trovato un lavoro non avrei potuto firmare alcun contratto, e senza un conto in banca e una lettera che certificasse il mio indirizzo non avrei potuto richiedere il *NIN*.

«Ascolta: io ora scappo a lavoro, se vuoi un consiglio per prima cosa fai il CV in inglese.»

Non avevo con me un computer portatile e nel 2009 internet sul cellulare era ancora un miraggio. Cercai

[7] Il codice identificativo che viene assegnato a chi lavora nel Regno Unito e permette di pagare le tasse e lavorare con contratti in regola, avendo gli stessi diritti di un cittadino britannico.

l'internet point più vicino per seguire il consiglio di Salvo e preparare il CV.

Utilizzando Google Translate tradussi dall'italiano all'inglese le vere esperienze di lavoro, dopodiché ne aggiunsi altre come cameriera copiando da internet; Salvo aveva detto che tutti aggiungevano esperienze non vere per avere più possibilità di essere convocati per un colloquio.

Già mi fidavo di lui, quindi feci lo stesso.

***

«Hi, I am looking for a job.[8]»

Era questa la frase da usare per dire che stai cercando un lavoro. Internet non funzionava come oggi, la maggior parte delle candidature avveniva tramite le agenzie interinali o la consegna di Curriculum a mano.

Purtroppo, però, questa frase era tutto ciò che sapevo dire. Per di più, quando era il turno del mio interlocutore, spesso non ero capace di capire cosa mi stesse chiedendo. Come avrei potuto ottenere un lavoro, se non capivo nemmeno cosa mi chiedevano? Pensavo scoraggiata.

Trascorsi i primi giorni girovagando per la città e consegnando CV, ma senza alcun successo. Ero preoccupata: non avevo abbastanza soldi per

---

[8] *Ciao, sono in cerca di lavoro.*

rimanere a lungo a Londra senza lavoro, ero partita con un budget di soli settecento euro pur sapendo che sarebbe stato rischioso; se non avessi trovato qualcosa con cui mantenermi nell'arco delle prossime settimane, non avrei avuto abbastanza fondi per pagare l'affitto e sarei dovuta rientrare in Italia a mani vuote, il che per me equivaleva a una sconfitta che proprio non avevo voglia di subire. Non restava che cercare maggiori consigli sfruttando l'unica risorsa che avevo a disposizione in quel momento: i miei coinquilini.

Ogni sera la *living room*[9] della casa di Warwick Avenue si trasformava in un luogo di ritrovo che accoglieva non solo me e gli altri abitanti della casa, ma anche i nostri amici e colleghi. La maggior parte dei ragazzi lavorava nel settore della ristorazione come cameriere o chef, finiva il turno in tarda serata e rientrava a casa tra mezzanotte e l'una, perciò la nostra vita sociale si svolgeva regolarmente in piena notte.

Anche se ero a Londra, migliaia di chilometri lontano da amici, famiglia e abitudini, in quel salotto, circondata da ragazzi provenienti da varie regioni d'Italia che come me avevano lasciato il porto sicuro per mettersi in gioco, mi sentivo a casa.

Ogni notte ci ritrovavamo a cucinare il piatto tipico di diverse città d'Italia, a ridere dei nostri accenti, a prenderci in giro per i modi di dire differenti e a

---

[9] il salotto.

raccontarci le usanze e tradizioni dei posti da cui venivamo. Era la prima volta che, oltre a sapermi barese e pugliese, mi sentivo anche italiana; scoprii davvero quel sentimento d'unità nazionale su un'isola fredda nel Nord Europa e lontana da casa, prima di allora quella sensazione l'avevo vissuta soltanto mentre guardavo le partite di calcio dei mondiali. La nostra lingua, seppur parlata con accenti diversi, ci univa e avevamo voglia di raccontarci a vicenda e condividere il nostro tempo intorno a una delle cose più belle e semplici che ci appartengono: la bontà di un piatto di pasta.

Quei momenti così originali mi immergevano in una realtà nuova, ma allo stesso tempo familiare, che mi piaceva. Sentivo che stavo già imparando qualcosa di nuovo, semplicemente vivendo quella quotidianità con dei ragazzi che non conoscevo affatto, ma che avevano in comune con me qualcosa di importante: aver lasciato *casa*.

Un giorno, proprio quando stavo per uscire a fare l'ennesimo giro di consegna dei CV, Salvo mi chiese:

«Allora: come va? Hai trovato lavoro?»

«Ancora niente. Ieri sono andata in zona Notting Hill, oggi vado verso Paddington e Bayswater, spero che la fortuna sia con me.»

«Ascolta.» Mi disse con tono serio: «Io lavoro in un ristorante qui vicino a Little Venice, è un bellissimo posto ma è sempre molto affollato. Di solito non chiedo ai miei capi di far fare la prova a chi conosco, perché non mi piace fare figure di merda se la gente che propongo non è valida, ma tu mi sembri una tipa in gamba. Se ti va, posso chiedere.»

I miei occhi si illuminarono di speranza.

«Sarebbe bellissimo, grazie. Ti prometto che non farai brutta figura.»

Il turno iniziava alle cinque. Era la mia opportunità, l'occasione di avere finalmente un lavoro a Londra e di mettermi alla prova davvero. Salvo ed io ci incamminammo a passo svelto verso il ristorante, che distava soli cinque minuti da casa[10].

«Ricorda: devi essere veloce in qualsiasi circostanza, dimostra di essere rapida ed efficiente. Kasia, la manager, ti osserverà senza che tu te ne accorga; ti assicuro che non le sfuggirà nulla. La prova di solito dura circa cinque ore, se decideranno di assumerti le ore di prova ti saranno pagate, in caso contrario no.»

Assorbivo come una spugna quel che Salvo mi diceva; non avevo mai portato un piatto o dei vassoi ma volevo quel lavoro a tutti i costi ed ero pronta a dare il meglio.

Dopo quindici minuti mi pareva di aver fatto ingresso in un nuovo mondo: luci incandescenti riscaldavano il *pass*[11], una piccola macchinetta nera stampava

[10] cosa non affatto comune in una grande città come Londra.

[11] il punto in cui lo Chef impiatta tutte le pietanze e autorizza i

ininterrottamente le comande, il campanello suonava, lo chef gridava "*Service*" e i camerieri correvano al pass gridando "*Yes chef!*".

Erano solo le sette di sera ed il ristorante era gremito di gente pronta per la cena. Tutto era perfettamente organizzato, vigevano ordine e rigore assoluti: tutti sapevano cosa fare, compresa me, che lucidavo rapidissima le forchette con l'aceto, tagliavo il pane come mi aveva mostrato Salvo, lo portavo ai tavoli insieme a dell'acqua appena i clienti prendevano posto e distribuivo grandissimi sorrisi, sempre con il timore che potessero chiedermi qualcosa che non avrei capito o a cui non avrei saputo rispondere. Furono cinque ore intensissime, volteggiavo come una trottola tra i tavoli. Non volevo tornare in Italia a mani vuote. Volevo quel lavoro e non avevo intenzione di deludere Salvo.

---

camerieri a procedere con il servizio ai tavoli

2

La prima conquista

Kasia m'invitò nel suo ufficio e mi disse che avevo superato la prova e ottenuto il lavoro: «Questo è il tuo contratto: compila la pagina con i tuoi dati personali. Lo stipendio sarà accreditato ogni due settimane direttamente sul tuo conto... Ah, dimenticavo: sii sempre puntuale.»

Ero a Londra da appena due settimane e dopo quattro ore di prova ero tornata a casa con un contratto di lavoro tra le mani; questa cosa mi lasciò a bocca aperta. Nella città in cui ero cresciuta non avevo mai avuto l'onore di firmare un contratto di lavoro, avevo sempre e solo lavorato in nero.

Accadeva spesso, in quei casi, che i datori di lavoro pretendessero di trattenermi più ore di quelle accordate senza offrire in compenso alcun pagamento aggiuntivo.

Nonostante trovassi questo comportamento scorretto e ingiusto, io -come gli altri d'altronde - accettavo di sottostare a questo sistema di cose perché il rischio sarebbe stato quello di perdere il lavoro. Di sicuro all'epoca non spiccavo per doti come capacità di sopportazione e tolleranza, anzi: la mia indole un po' ribelle mi portava da sempre a battermi contro ogni forma di ingiustizia; che si trattasse di dare il via a una protesta contro i soprusi di qualche docente o di fare qualche polemica sul lavoro, io ero sempre in prima linea.

A quei tempi per me esistevano solo due categorie: chi lotta e chi molla. Tra le due, ovviamente, preferivo la prima.

Inutile dire come siano andate a finire tutte le mie esperienze lavorative in Italia: mi ribellavo a condizioni di lavoro che non ritenevo giuste, i miei capi non erano mai aperti al confronto o a riconoscere i loro torti; all'ennesima minaccia di mandarmi via, li mandavo puntualmente a quel paese e lasciavo io il lavoro.

Per me, rispetto ad altre mie colleghe, era più semplice: frequentavo ancora la scuole, i soldi che guadagnavo li utilizzavo per evitare di chiederli ai miei genitori, uscire con gli amici e comprare vestiti e sigarette. Le cose erano invece diverse per le mie colleghe, tra cui alcune trentenni mamme e con rate e mutui da pagare. L'aria di rassegnazione con cui mi raccontavano di aver firmato un contratto part-time per lavorare invece full-time, spesso anche più di più di dieci ore al giorno, aveva innescato in me un senso di sfiducia nei confronti di quel mondo del lavoro che avrei dovuto affrontare più seriamente una volta terminati gli studi.

Aver iniziato a lavorare così presto mi aveva esposta alla frustrazione che molti giovani, spesso poco più grandi di me, vivevano. In più, mi aveva permesso di fare subito i conti con la dura realtà. Credevo che l'unica possibilità per sfuggire a un sistema che mi avrebbe costretta ad accettare condizioni di lavoro frustranti fosse quella di studiare per poi cercare opportunità fuori da un Paese che non mi ispirava fiducia.

In Italia purtroppo funziona ancora così, soprattutto nelle attività commerciali più piccole e meno controllate: si lavora con la speranza di piacere e guadagnarsi le simpatie dei propri capi, così da avere maggiori possibilità di vedere avvalse le proprie richieste: ferie, permessi o giorni di malattia. L'atteggiamento che solitamente si tiene nei confronti dei propri superiori è quasi reverenziale. In poche parole si scambiano i diritti per favori, e questi vengono elargiti a mo' di concessioni di cui bisogna mostrarsi grati e riconoscenti.

Nella capitale britannica, invece, le cose funzionavano diversamente: quando il ristorante in cui lavoravo era molto *busy*[12] non solo mi veniva chiesto con modi gentili se potessi rimanere più tempo al lavoro ma avevo addirittura la libertà di scegliere se restare o meno, senza dover giustificare un eventuale rifiuto. Ovviamente in quei casi facevo prevalere il buon senso e non mi tiravo indietro, soprattutto quando a chiedermi di restare erano gli stessi manager che facevano di tutto per venire incontro alle mie necessità, e che avevano così impostato un rapporto

[12] Affollato.

lavorativo sano, fondato non sul potere ma sulla fiducia e sulla reciproca collaborazione. Ciò per cui lottavo in Italia, perdendo posti di lavoro e passando per la ribelle di turno, qui in Inghilterra era dato per scontato: avevo sì dei doveri, ma anche dei diritti. Sentivo che al mio tempo e al mio lavoro era finalmente riconosciuta una dignità, la stessa che tante volte nella mia città avevo visto calpestata. Ogni singola ora o anche mezz'ora in più di lavoro mi veniva retribuita, e la cosa più bella era che non dovevo combattere per questo.

Mi sembrava incredibile, il mio tempo aveva un valore. Forse poco, solo £5.85 l'ora; non era una cifra esagerata ma era certamente molto più di quello a cui ero abituata.

Tutti avevamo un contratto, un minimo salariale e le ore di straordinario venivano puntualmente pagate senza alcuna distinzione di lingua, razza, provenienza e religione: tutti eravamo trattati equamente, tra me e un inglese non c'era alcuna differenza.

In quella situazione, io ero esattamente uguale a qualsiasi migrante che si ritrova oggi nel mio paese e che lavora nei campi raccogliendo i pomodori, con la sola differenza che quest'ultimo, costretto a lavorare in nero, spesso riceve una paga miserrime e non gli viene riconosciuto alcun giorno di riposo, ferie o assenze per malattia. E che io non avevo rischiato la vita per essere lì.

Com'è possibile che questo fenomeno sia ancora così diffuso? Perché in Italia c'è così tanto lavoro in nero? Si tratta davvero di un problema a cui è difficile trovare una soluzione oppure, in realtà, questo sistema fa comodo a tanti?

***

La convivenza con le coinquiline non era sempre facile. Dividevo la stanza con altre due ragazze italiane che mi avevano proposto, per risparmiare qualche soldo, di condividere per un mese la nostra stanza con un'altra ragazza ancora. Avevo accettato la proposta perché non navigavo nell'oro, ma presto me ne sarei pentita.

Il mio turno al Waterway iniziava alle cinque del pomeriggio, ero appena uscita dalla doccia e stavo cercando un paio di slip ben precisi che avevo appeso allo stendino. Riconoscere i propri slip tra tanti era una sfida che richiedeva sempre un po' di tempo (per non parlare dei calzini, quanti andati persi!).

Quel giorno stavo cercando un perizoma nero che aveva al centro un piccolo fiocchetto verde, ma non riuscivo a trovarlo. Ero assolutamente certa di averlo lavato e steso la sera prima, ma dopo aver scrutato più e più volte tra tutti i perizomi stesi, inclusi quelli di tonalità diversa, nel caso avessero perso colore durante il lavaggio, mi venne un dubbio. Mi convinsi che Elena, la nuova ragazza di cui conoscevo appena il nome, avesse preso il mio slip; questa mia teoria trovò conferma quando lo ritrovai nel porta biancheria. Montai su tutte le furie: non ero pronta a condividere i miei slip con gli estranei, in più la ricerca mi aveva fatto perdere troppo tempo ed ero arrivata a lavoro con un ritardo di tre minuti. Era solo il mio quinto giorno e non volevo fare una brutta figura, ma era troppo tardi:

«*You are late of three minutes. I am sorry: you are going to start your shift at 6 o'clock.*»[13]

Mi disse Kasia guardandomi dritta negli occhi.

Venivo pagata a ore, il che significava che la ricerca degli slip perduti mi era costata un'ora di paga.

Quell'episodio mi servì da lezione: da quel momento in poi, prima di iniziare il turno, avrei mollato qualsiasi cosa stessi facendo pur di raggiungere il lavoro in tempo. In terra inglese non si scherza con gli orari: i ritardatari non sono ben visti, e io non avevo intenzione di guadagnare meno.

Lavorare rappresentava anche la mia opportunità giornaliera per aggiungere parole nuove al mio vocabolario.

Passavo ore e anche giorni interi a chiedere, come fanno i bambini, il nome di tutti gli oggetti con cui avevo a che fare: posate, piatti, mensole, tovaglioli,

---

[13] *«Sei in ritardo di tre minuti. Mi spiace, comincerai il tuo turno alle 6.»*

ricariche telefoniche, caricabatterie, la lista era davvero lunga.

Un giorno un signore mi chiese di portargli un posacenere. Mi porse la stessa domanda circa cinque volte ma, io non riuscivo a comprenderlo; solo quando imitò il gesto di fumare capii a cosa si stesse riferendo. Rossa d'imbarazzo, corsi dal mio collega per chiedergli dove potessi trovare un posacenere.

«*As-ray?*» balbettai impacciata.

Lui mi guardò senza capire.

«*As-ray!*» Ripetei imitando il gesto di fumare.

«Intendi *ashtray*[14]?»

«*Yes!*» Risposi con il doppio dell'imbarazzo. Tirai un sospiro di sollievo e lo portai di corsa al tavolo.

La sera arrivavo a casa stremata, non solo per le lunghe ore di lavoro ma perché lavorare cercando di comunicare in una lingua che non conoscevo era davvero faticoso. Quando non capivo qualcosa l'ansia mi assaliva, soprattutto se dovevo chiedere al mio interlocutore di ripetere più volte la stessa cosa. A volte sembrava che i clienti o i colleghi mi guardassero infastiditi, li vedevo perdere la pazienza e quello sguardo mi faceva sentire piccola e anche un po' incapace.

[14] posacenere

Nonostante le mille difficoltà, ero entusiasta di quell'esperienza. Era come se il bagaglio che portavo ogni giorno con me si riempisse costantemente di qualcosa di nuovo.

Quella sensazione di arricchimento, non era soltanto dovuta al fatto che, seppure con un po' di lentezza, stavo finalmente imparando l'inglese, ma a un misto di emozioni che quell'esperienza in sé mi stava regalando.

Tra colleghi sentivo spesso chiedere:

«*Where are you from?*»

«*I am from Brazil*»

«*I am from Spain*»

«*I am from Sri Lanka*»

«*I am from Venezuela*».

Capii presto di essere in una delle città più multietniche del mondo: lavoravo al fianco di gente proveniente da città e paesi che a volte non avevo mai nemmeno sentito nominare. Così, la sera, quando tornavo a casa, cercavo sulla cartina l'ubicazione di quei posti a me sconosciuti e leggevo curiosità e aneddoti su quei luoghi lontani. Sembrava che ognuna delle persone che incontravo ogni giorno avesse la capacità di insegnarmi qualcosa di nuovo: una parola mai sentita, l'esistenza di un luogo di cui non sapevo nulla, una pietanza mai assaggiata, il suono di un accento estraneo, modi di pensare e tradizioni lontane dalle mie.

Ero lontana dalla mia famiglia, dalle amiche di sempre, dal mare e dal sole ma non c'era altro posto in cui sarei voluta essere se non Londra, *Warwick Avenue*: *The Waterway*, il ristorante che si affacciava sul canale di *Little Venice*[15], e *Shirland Road 59*, la prima di tante case a seguire; il luogo in cui trascorrevo con coinquilini e amici lunghe nottate a prenderci in giro, e a scherzare su quale categoria fosse la peggiore tra gli chef, che diventavano un po' tutti incazzati e frustrati come *Gordon Ramsey*, o i camerieri, che finivano per montarsi la testa quando venivano promossi al ruolo di supervisor o manager.

Ero arrivata a Londra per imparare l'inglese, ma nel frattempo stavo imparando che davvero esistono i diritti e doveri sul lavoro, che arrivare in ritardo rappresenta una mancanza di rispetto, che tra Indiani e Pakistani c'è una grande differenza anche se a noi sembrano uguali, che se qualcuno beve il cappuccino mentre mangia la pasta non è necessario farlo notare a tutti solo perché in Italia noi non lo facciamo, che i gay esistono davvero. Fino allora ne avevo sentito parlare ma non li avevo mai visti baciarsi e accarezzarsi per strada come fanno tutte le coppie che si amano. E nel corso dei mesi a seguire imparai ancora che tante persone vanno in vacanza anche nei mesi invernali e non solo ad Agosto quando costa di

[15] Zona rinomata per la presenza di canali e barche e che rimanda appunto ad una piccola Venezia.

più, che davvero esistono i vegetariani e non sono una finzione, che il posto di lavoro si può raggiungere non solo in auto o coi mezzi pubblici, ma anche in bicicletta; che esiste ancora gente nel mondo che può sposare soltanto chi appartiene alla sua casta o alla sua stessa religione, che si può essere inglesi da generazioni anche se il colore della pelle suggerisce diversamente.

E questo era solo l'inizio.

3

Chi ha detto che non è normale?

Man mano che i giorni trascorrevano mi sentivo sempre più indipendente, libera e forte ma a tratti scoraggiata dalla lentezza con cui apprendevo la lingua. I miei coinquilini dicevano che avrei impiegato almeno un anno per imparare a parlare inglese fluentemente, affermazione che deludeva la mia aspettativa iniziale di riuscirci in pochi mesi, come avevo sentito spesso dire in Italia.

Avevo ancora qualche mese davanti prima di dover rientrare a casa per la sessione estiva d'esami e mi sentivo un po' come Cenerentola: vicina allo scoccare della mezzanotte, il mio tempo in terra straniera stava per scadere e cercavo di godermi ogni attimo di quell'esperienza. In genere lavoravo cinque giorni a settimana e ne avevo due liberi per scoprire la città; così, ogni settimana, sceglievo una fermata della metro diversa per esplorare quartieri nuovi e continuare con la mia personale scoperta della grande metropoli.

Nell'aria si respirava un'energia unica, un'atmosfera frizzante e vibrante, tutti si davano un gran da fare correndo sempre dietro a qualcosa, che da quei vialoni illuminati e da quelle piazze rumorose e affollate sembrava si potesse raggiungere davvero. Ero completamente rapita da quella città moderna e coinvolgente, dalla folla che inondava le sue strade, dalle lunghissime file di cittadini e turisti rispettate da tutti e organizzate alla perfezione persino sulle scale mobili: a destra si metteva chi voleva salire seguendo la velocità della scala, mentre a sinistra si lasciava posto a chi preferiva salire a piedi, ma più velocemente. Mentre gli odori di cibi variegati ed esotici riempivano i famosi mercati di Portobello Road, Brick Lane, Broadway Market, Borough Market e Camden Town, osservavo incantata gli alti autobus rossi che si alternavano ai *black cab* neri[16], la maestosità del Tower Bridge, delle torri di Londra e di Buckingham Palace, l'originalità dei grattacieli che s'innalzano nel cuore della City, creando un interessante contrasto tra la massiccia architettura antica e le imponenti strutture moderne.

Quando passeggiavo nei parchi, amavo ascoltare lo scricchiolio delle foglie secche che, cadendo lente, si posavano sul ciglio della strada; sorridevo agli scoiattoli che scorrazzavano rapidissimi da un albero all'altro e osservavo con curiosità la quantità di gente che sedeva sola sulle panchine, magari in compagnia soltanto di un libro, e che correva, si allenava, o semplicemente passeggiava mangiando delle patatine o uno di quei sandwich di forma triangolare comprati da Tesco.

I bar erano pieni di ragazzi che, con le cuffie,ascoltavano musica mentre bevevano un tè e

[16] i tipici taxi inglesi che di solito vediamo nei film.

lavoravano al computer; avevo l'impressione che la gente fosse più abituata ad andare in giro da sola che in compagnia

Questa per me era una novità, dato che nella mia città natale la gente era sempre in compagnia di amici, parenti o partner; difficilmente incontravo qualcuno che sorseggiava qualche birra in un pub o mangiava una pizza da solo.

Londra davvero non smetteva di stupirmi, mi stavo innamorando della sua energia, camminare per la strade mi caricava di voglia di fare e scoprire, la stravaganza nel modo vestire, portare capelli, o anche piercing e tatuaggi in gente di tutte le età, m'incuriosiva. Ma la cosa più bella era che questo avveniva sotto lo sguardo indifferente di chi c'era intorno.

A volte mi ritrovavo a fissare qualcuno in metro e mi accorgevo di essere la sola a farlo, cosa che m'invitava a una riflessione: se una donna, nella mia città, avesse indossato un leggins verde brillante con sopra un maglione multicolore, avrebbe certamente destato l'attenzione e i commenti di molti; se la stessa cosa fosse invece avvenuta in una metro londinese, probabilmente io sarei stata una dei pochi a fissarla e a pensare che fosse vestita in modo strano.

Quando un'opinione non è condivisibile, è come se perdesse il suo potere; al contrario, quando possiamo condividere la nostra opinione ridicolizzando o giudicando quello che secondo noi è diverso, strano o sbagliato, quell' osservazione prende forma, diventa reale, e sapere che intorno c'è chi la pensa esattamente come noi, rafforza questo concetto di normalità. Ma cosa è, in fin dei conti, la normalità? E perché giudicare quello che, più semplicemente, è solo un gusto diverso da quello che noi o chi è vicino a noi considera *normale*?

Vivere lontano da chi la pensa come noi, fa sì che si eviti di condividere giudizi e opinioni superficiali con chi è al nostro fianco, semplicemente perché farlo è rischioso.

Quando siamo a contatto con persone provenienti da differenti parti del mondo, infatti, i nostri commenti potrebbero suscitare delle reazioni completamente diverse: potrebbero essere considerati fuori luogo o di cattivo gusto, e rischieremmo soltanto di fare una pessima figura. Si impara presto, perciò, a fare una cosa molto saggia: tenere la bocca chiusa. Anche se la nostra mente è abituata a funzionare in quel modo, questa nuova dinamica fa sì che, giorno dopo giorno, ci allontaniamo sempre più dai quei pensieri-giudizio e dai luoghi comuni con cui siamo cresciuti, gli stessi che ci insegnano ad etichettare le persone come belle o brutte, eleganti o mal vestite, sfigate o fighe ecc.; la mente si divincola dai limiti dei giudizi, accoglie la diversità in tutte le sue forme e impariamo così a sperimentare un nuovo concetto di libertà.

Un giorno ero ad un team meeting; eravamo circa quindici persone ed io ero l'unica Italiana. Un mio collega simpaticissimo, Sagar, di origini indiane, arrivò in ritardo con indosso una giacca di pelle di colore rosso fluorescente. In quel momento non potei fare a meno di notare quella giacca così sgargiante, e sul mio viso comparì un ghigno.

A volte cerchiamo nello sguardo degli altri la complicità al nostro pensiero, soprattutto quando ci ritroviamo in situazioni in cui non si possono fare commenti ad alta voce. Quando però siamo circondati da gente proveniente da tutto il mondo, potremmo scoprire che quella complicità è introvabile, perché è la diversità ad avere la meglio e a trasformarsi non solo nella più grande ricchezza, ma nello strumento necessario per abbattere gli stereotipi.

Quel ghigno non trovò alcun alleato, rimase un giudizio isolato che mi fece sentire sola in quella mediocre osservazione, ma quel senso di solitudine fu costruttivo, perché trasformò in diversità quella che io avvertivo come una stranezza. La diversità è il mezzo che più di tutti educa alla tolleranza e all'accoglienza, e ci insegna a guardare le cose da un'altra prospettiva che va al di là delle apparenze e dei pregiudizi che la nostra mente crea, lasciando così spazio a ciò che siamo realmente.

Da allora smisi di fissare la gente in metro ed elaborare giudizi nella mia testa su vestiti o capelli altrui. In quella città così multiculturale scoprii per la prima volta che la gente poteva davvero essere libera di fare, dire e apparire per ciò desiderava e non per ciò che gli altri ritenevano *giusto* o *adeguato*. Grazie a quell'esperienza avevo imparato qualcosa che avrei difeso e portato con me per sempre: la tendenza a guardare oltre senza perdermi in giudizi spiccioli e commenti su quel che può sembrare ma in realtà non è.

4

Scoprire nell'incontro

Alcune persone si immettono sulla nostra strada con una missione precisa: ispirare e fornire risposte a domande che non ne hanno ancora trovate. Ogni nuovo giorno ci offre infatti l'opportunità di fare incontri e vivere nuove esperienze di cui non sempre riusciamo a cogliere il significato, perché la nostra mente ci allontana spesso dal qui e ora, consentendo ai pensieri di prendere il sopravvento su di noi. Per questo ci capita spesso di non riuscire ad attribuire il giusto valore agli incontri e alle esperienze che intanto viviamo. Al contrario, quando siamo in perfetta connessione con il momento presente, senza che la mente ci porti costantemente nel ricordo del passato o nell'ansia del futuro, gli incontri e i più semplici episodi della nostra vita possono trasformarsi in grandi rivelazioni e rivoluzioni.

***

Durante l'ultima settimana di lavoro al Waterway conobbi Vera. Sapevo poco sul suo conto: aveva cinque anni in più di me, veniva al lavoro in bicicletta condividendo parte del tragitto con Vito, un collega anche lui pugliese, lavorava part-time e frequentava un Master lì a Londra. Mentre stavo seduta sotto un gazebo verde, nell'area esterna e riservata allo staff, la vidi sbucare a tutta velocità dalla strada che portava al retro del ristorante. Intravidi da lontano il suo sorriso, sembrava portasse buone notizie.

«Ho ricevuto i risultati del master: è andato alla grande, sono felicissima.»

Posò la bici e si sedette per cercare di recuperare il fiato perso.

«Brava, complimenti! Sono molto felice per te.» Risposi sorridendole.

Non eravamo ancora diventate grandi amiche ma non aveva importanza, in posti come Londra ci si ritrova a condividere i propri momenti di gioia o meno un po' con chi capita. Quando si vive lontano dal proprio paese non sempre si ha la possibilità di condividere tutto quello che avviene con chi conosciamo intimamente, come familiari e amici di vecchia data.

«Hai avvisato i tuoi genitori, le tuc amiche?»

«No, ho finito il credito proprio ieri sera e solo stamattina ho appreso i risultati finali; sei la prima a saperlo.» Sorrise ancora.

Nel 2009 sia Internet che applicazioni come WhatsApp non erano diffuse come oggi; generalmente noi, italiani immigrati a Londra, utilizzavamo compagnie telefoniche come *Lebara* o *Lycamobile*, che ti permettevano di chiamare in Italia al costo di circa tre penny[17] al minuto.

---

[17] Più o meno 0,5 centesimi.

Mentre Vera mi raccontava con entusiasmo quale argomento aveva scelto per la tesi e quanto tempo aveva impiegato per scriverla, non mancò di sottolineare quanto quell'esperienza, seppur gratificante, fosse stata anche faticosa.

Io l'ascoltavo con ammirazione, affascinata da quel percorso alternativo. Intraprendere un corso universitario in lingua straniera non doveva essere certamente facile o alla portata di tutti; pensai che al suo posto non sarei mai stata in grado di fare lo stesso: spesso non riuscivo nemmeno a capire cosa mi chiedessero i clienti, figuriamoci se avrei potuto mai seguire dei corsi e dare esami in inglese. Ai miei occhi, in quel momento, Vera appariva come un piccolo genio.

Non avevo mai incontrato, prima di allora, un'italiana che studiasse all'estero.

Fino a quel momento, forse, non avevo nemmeno mai pensato che i miei connazionali potessero studiare anche fuori dall'Italia: era una prospettiva così lontana dagli ambienti in cui ero cresciuta che non avevo mai nemmeno considerato quell' opzione. Quando appresi dell'esistenza di quella possibilità, pensai che mi sarebbe piaciuto fare lo stesso. La sola idea, però, mi spaventò.

La mia ammirazione per Vera non riguardava soltanto la sua esperienza di studio all'estero, bensì il coraggio che la contraddistingueva in tanti altri aspetti, come ad esempio il modo di viaggiare.

«Sai qual è la vera figata?»

Mi domandò sempre con più entusiasmo.

«Per festeggiare e rilassarmi un po' ho prenotato un viaggio in Africa per un mese».

«Wow! E con chi andrai?» Le chiesi.

Lei mi guardò e con fermezza rispose:

«Da sola».

A quel punto un paio di altri colleghi che avevano ascoltato la nostra conversazione si unirono al discorso. Tra loro Camilla, una ragazza brasiliana, le chiese:

«Dove di preciso in Africa? Io sono stata in Tanzania e Zimbabwe, *they are amazing*[18].»

«Credo che visiterò più stati. Sicuramente andrò anche in Zimbabwe, dato che uno dei miei sogni è visitare le Cascate Vittoria.»

Gli occhi di Vera brillavano per l'emozione.

«Sì, sono stupende. Ci sono stata, ma mi sono piaciute di più le Cascate del Niagara.» Rispose Camilla.

Tra loro iniziò un interessante dibattito su viaggi e luoghi esplorati mentre io ripensavo alle uniche cascate che fino a quel momento avevo visitato:

[18] Sono incredibili.

quelle delle Marmore, in Umbria, quando avevo undici anni

Non riuscii a resistere e interruppi il loro dialogo con una curiosità un po' fuori luogo:

«Quanti anni hai, Camilla?»

«Ventuno.» Rispose lei.

Camilla aveva solo un anno in più a me e aveva già visitato tre continenti inclusa l'Europa; dalle esperienze che raccontava sembrava che avesse vissuto il doppio di me. Inoltre parlava perfettamente l'inglese e il portoghese, e benissimo lo spagnolo.

Ancora più sbalordita, continuai:

«Ma quando sei andata in tutti questi posti?»

«Ho frequentato un anno scolastico negli Stati Uniti e viaggiato un po' durante le vacanze.» Rispose con disinvoltura.

Presi a fare un milione di domande a entrambe sui posti che avevano visitato, su cosa si provasse nell'esplorare luoghi così lontani e nel prendere un volo intercontinentale, su cosa si mangiava dall'altra parte del mondo e come funzionavano le stagioni; nel mentre mi chiedevo se mai avrei avuto il tempo, i soldi e il coraggio per viaggiare nello stesso modo. In quell'istante ebbi la sensazione di non aver sfruttato a sufficienza il mio tempo. L'esperienza del mondo che stavo già vivendo a mio modo non sembrava abbastanza. La voglia di scoprire e conoscere che mi aveva portata lontano da casa trovava un nuovo carburante in queste piccole scoperte giornaliere, che aumentavano la mia curiosità e l'attitudine a mettermi in gioco. Allontanandomi dalla mia comfort zone avevo scoperto che c'erano altri modi di studiare, vivere e investire il proprio tempo.

Aver incontrato persone che avevano già viaggiato in varie parti del mondo e che parlavano più lingue straniere, m'invitò a riflettere su quanto piccola e semplice fosse la realtà in cui ero cresciuta e che c'era un mondo, lì fuori, molto più grande e ancora tutto da esplorare.

Le spiagge bianche, i mari cristallini, la giungle e le cascate che avevo sempre visto nei documentari in TV sembravano diventare più reali e raggiungibili attraverso il racconto di chi c'era stato per davvero, aveva fotografato quei posti e poteva descriverli con entusiasmo, mentre a me fino a quel momento quei luoghi da copertina erano sembrati troppo lontani e inaccessibili. Ero sempre stata convinta che bisognasse essere ricchi per viaggiare, ma era davvero così?

In realtà questo modo di pensare non era altro che il risultato di una serie di credenze, innescate dal sistema sociale in cui cresciamo e dal nostro bagaglio di convinzioni su come le cose vadano nel mondo. Spesso, attraverso queste trappole nel nostro modo di pensare, ci convinciamo di quello che possiamo o non possiamo fare e cresciamo credendo che ci sia una sola e unica realtà possibile. Solo allontanandosi dal proprio porto e dal proprio mare, si può scoprire la bellezza dell'oceano e poi scegliere davvero.

Sempre a Londra, successivamente, conobbi ragazzi provenienti dalle più svariate parti del mondo: Australia, Sud America, Canada, etc. Molti avevano deciso di viaggiare per uno o due anni e prendersi così del tempo prima di iscriversi all'università, in modo da capire meglio cosa fare da grandi o, semplicemente, per conoscersi e scoprire un po' meglio il mondo.

Ciò che rendeva queste persone molto interessanti ai miei occhi era la sicurezza con cui, nonostante la giovane età, spiegavano quanto fosse importante, per loro, vivere delle esperienze all'estero, lontano dai propri affetti, abitudini e comfort, per acquisire una maggiore consapevolezza di sé. In molti paesi come Germania, Francia, Australia e Stati Uniti, sono proprio i genitori a sollecitare i figli ad abbandonare il tetto familiare e avventurarsi nel mondo per viaggiare, lavorare o semplicemente frequentare l'università in un'altra città o paese, perché questo possa aiutarli a diventare più responsabili, autonomi, intraprendenti e consapevoli. Al contrario, in Italia, sembra che molti genitori trattino i propri figli come una proprietà, pretendono che la presenza di questi ultimi nella loro quotidianità sia una costante e spesso fanno leva sul senso di colpa se invece scelgono di andare via. Per fortuna non era il mio caso.

Chi ci ama dovrebbe lasciarci liberi di scegliere, perché nessun individuo appartiene ad altri se non a se stesso; un amore vero non è quello che ostacola, ma quello che supporta la crescita e l'evoluzione dell'altro. Più tempo trascorrevo a Londra e più mi sentivo lontana dal modo di pensare dei miei coetanei in Italia e i nuovi stili di vita e di pensiero con cui mi stavo confrontando mi portavano, senza ancora rendermene conto, ad osservare la mia vita da prospettive diverse.

Cominciai ad accarezzare l'idea di usare i miei risparmi solo per viaggiare, ma anche la prospettiva di studiare in Inghilterra non era male; purtroppo però il mio inglese era ancora troppo scarso per intraprendere un corso di studi in lingua straniera. In più, sapevo bene che frequentare l'università lì a Londra sarebbe stato molto oneroso.

La retta universitaria minima annua era di circa seimila sterline, perciò per frequentare tre anni di università erano necessari almeno diciottomila euro. Gli studenti possono richiedere allo stato degli *Student loan*[19], che verranno poi rimborsati allo stato con un basso tasso d'interesse quando si percepirà uno stipendio maggiore o uguale a venticinquemila sterline annue.

---

[19] prestiti per studenti

Il costo del master, invece, era nettamente inferiore perché il corso aveva la durata di un solo anno e poteva essere svolto, a discrezione degli studenti, full-time o part-time. Tuttavia per il master non c'era la possibilità di richiedere uno *student loan*, perciò se mai avessi deciso di intraprendere quella strada, avrei dovuto disporre dell'intera cifra.

Ero solo al mio primo anno di università in Italia, ma iniziai a considerare sul serio l'opzione di proseguire gli studi in Inghilterra. Ancora una volta sentii *quella* voce parlarmi dentro, la stessa che mi aveva portata lì a Londra, il mio istinto. L'istinto non si lascia influenzare dalle paure, dai piani già impostati o dai giudizi altrui, è la voce del nostro io, la sola che può portarci alla realizzazione di chi davvero vogliamo essere, anche se a volte dobbiamo compiere dei giri immensi e apparentemente senza senso, prima di scoprirlo davvero.

5

Come è andata?

Finalmente avevo imparato che c'erano diversi modi per chiedere come stai o come va: *"How are you?"*, *"How are you doing?"*, *"How is it going?"*, *"What's up?"*, *"Are you ok?"*. Ma avevo anche appreso, con un po' di disappunto, che gli inglesi non pongono queste domande perché sono realmente interessati a sapere come stai: è solo un modo più educato di salutare. A confermarlo è il fatto che, una volta posta la domanda, non restano lì ad aspettare la risposta, anzi, te ne pongono subito un'altra o semplicemente distolgono lo sguardo. Inizialmente credevo che questo comportamento fosse dovuto alla lentezza della mia risposta: *I'm fine, thanks*. Per comprendere questo modo di fare impiegai del tempo e, quando finalmente ci riuscii, era arrivato il momento di rientrare in Italia.

***

In Italia mi sentivo un pesce fuor d'acqua: I miei coetanei vivevano tutti a casa dei propri genitori, a meno che non fossero studenti fuorisede, e sembravano aver seguito tutti lo stesso percorso: lavorare o studiare.

Ogni giornata mi sembrava noiosa e priva di stimoli: non c'era più nessuno a raccontarmi dei suoi viaggi, della religione che pratica, di padri di un'etnia e madri di un'altra. La mia città mi sembrava così piccola da starmi stretta, non ero più nell'immensa metropoli in cui tutto correva alla velocità della luce e nell'aria si respirava sempre voglia di fare e mettersi in gioco, dove si poteva cambiare pub ogni giorno, incontrare nuova gente e scoprire di continuo curiosità su posti lontani pur restando seduti allo stesso tavolo.

Una volta tornata a casa aveva l'impressione che tutto fosse rimasto esattamente com'era, come l'avevo lasciato mesi prima, mentre io sentivo di essere cambiata. Nonostante passassi intere ore a raccontare entusiasta la mia esperienza, avevo la sensazione che la gente intorno non potesse capirmi davvero.

Nei due mesi a seguire, il tempo necessario per dare gli esami prima di ripartire, divenni insopportabile per molti: non facevo altro che parlare di Londra, di quanto fosse incredibile, delle innumerevoli possibilità che offriva, e facevo continuamente paragoni con la realtà di *casa*. Spiegavo quanto la mia metropoli fosse meritocratica, all'avanguardia, piena di cose da fare, divertente, e di come i clienti venissero trattati diversamente. Buttarsi in polemica sull'inefficienza italiana serviva davvero a poco, bastava infatti sedersi al tavolo di un bar o di una pizzeria per notare la differenza nel servizio. A Londra avevo appreso il concetto di *customer service*[20] e quanto fosse importante per ogni business offrire un ottimo servizio: non solo per fidelizzare i clienti, ma perché la prima fonte di pubblicità per qualsiasi business è un acquirente soddisfatto e la sua esperienza positiva, insieme alle altre, ha il potere di accrescere il prestigio e la fama di una attività.

In Inghilterra ogni business lavora in modo che i clienti siano sempre soddisfatti del servizio ricevuto. Non a caso, l'Inghilterra è la terra del *complaint*[21]: se un cliente è insoddisfatto del servizio e ha delle ragioni, anche non validissime, potrà ricevere in compenso uno sconto, un voucher o un rimborso. In questo modo le aziende dimostrano il proprio dispiacere per l'inconveniente e cercano di evitare che il cliente lasci commenti negativi su qualsiasi portale online e si rivolga ad altri. Non credo sia necessario spiegare come le cose funzionino diversamente in Italia, almeno dalle mie parti.

Non facevo altro che elogiare la burocrazia inglese, spiegavo come lì fosse tutto più semplice: aprire un conto in banca[22], pagare le utenze, prenotare visite mediche, spostarsi coi mezzi pubblici anche di notte.

Solitamente quando m'imbattevo in discorsi riguardanti la possibilità di provare diverse cucine,

---

[20] Servizio clienti.

[21] Reclamo.

[22] Per il quale non è richiesto di pagare alcun canone, annuale o mensile.

come quella thailandese, vietnamita, brasiliana, coreana, spagnola etc., ricevevo il solito commento:

"Sì ok, ma non ci sono paragoni con la cucina italiana, la nostra è la migliore".

Il mio obiettivo non era certamente quello di mettere in discussione l'eccellenza della nostra cucina, ma semplicemente di raccontare della prelibatezza di altri sapori che non erano diventati alla moda come il *sushi* in Italia, ma che secondo me meritavano di essere apprezzati allo stesso modo o anche di più. Credo che una tra le cose più belle del viaggiare, visitare o vivere in paesi diversi sia assaggiare, vedere e provare esperienze diverse da quelle a cui siamo abituati, senza doverle necessariamente confrontare.

È meraviglioso che in Spagna si mangi la paella, in Inghilterra il Burger, in Giappone il Sushi, in Messico i Tacos e in Italia la carbonara; quanto sarebbe noioso se al mondo non esistesse la diversità e si mangiasse solo italiano?

In quel periodo mi sentivo esattamente come quando scopriamo di innamorarci: non facciamo altro che parlarne, descriviamo il nostro partner insistendo su quanto sia unico, speciale, bello, bravo, intelligente, di come ci faccia toccare il cielo con un dito; l'unica differenza era che il mio oggetto d'amore non era un uomo, ma Londra.

Durante i primi due anni e mezzo trascorsi tra l'Inghilterra e l'Italia, mi costò molta fatica accettare che la *diversità* di cui tanto parlavo includesse anche chi non aveva alcun interesse né a vivere esperienze fuori, né ad ascoltare le storie di vite differenti. Quando raccontavo con tanta energia di come vivere determinate esperienze fosse unico e travolgente, di come quelle stesse esperienze potessero mostrare nuove prospettive, ispirare e cambiare il nostro modo di essere, lo facevo con la speranza di ispirare gli altri a fare lo stesso, o con l'intento di stravolgere il loro modo di pensare. Solo col trascorrere del tempo sono riuscita a comprendere e accettare che tanta gente non è interessata né ad andare via, né ad ascoltare e né tantomeno a scoprire qualcosa in più su modi alternativi di pensare e vivere. Capirlo mi ha consentito di scegliere con chi condividere i miei racconti, ed è molto più gratificante condividere ciò che sentiamo con chi ha davvero voglia di ascoltare, piuttosto che con chiunque. Non dovevo più conquistare l'attenzione altrui o convincere i miei interlocutori di quanto certe esperienze portassero con sé una carica rivoluzionaria, potevo tenere per me quella scoperta e condividerla solo e se lo avessi ritenuto opportuno. Chi vuole davvero sapere come stiamo e come abbiamo vissuto certe emozioni, fa una cosa molto semplice: pone domande, tante, fin quando non hai saziato la sua curiosità.

Se prima al *Come è andata?* avrei risposto parlando per ore, successivamente imparai a rispondere con un semplice:

"Molto bene grazie, è stata un'esperienza molto bella."

Dopodiché, finite le domande, finisce la conversazione. In quel momento, senza che te ne accorga, stai facendo selezione.

6

In salita

Facevo lo slalom tra i tavoli con sicurezza, tenendo il vassoio in perfetto equilibrio con la mano destra. Ero di nuovo lì al Waterway, il ristorante a Little Venice in cui avevo già lavorato la prima volta a Londra. Avevo spiegato il mio piano a Kasia: alternare mesi di studio in Italia con altri di lavoro in Inghilterra; lei si era offerta di riassumermi ogni qualvolta sarei tornata, cosa che rappresentava un enorme vantaggio, poiché non avrei sprecato tempo e soldi nel cercare un nuovo lavoro.

Nel frattempo, avevo trovato l'amore.

Erano le cinque di pomeriggio, avevo preso la *Hammersmith and City line* da Edgware Road per uscire a Royal Oak, la zona in cui Antonio lavorava come *chef de partì*[23].

La sua esperienza era iniziata come lavapiatti perché, come me, all'inizio non spiccicava una parola d'inglese.

Una delle cose più belle che Londra offre, è la possibilità di crescere professionalmente. Se hai voglia d'imparare, metterti in gioco e mostrare il tuo

[23] Aiuto cuoco.

talento con determinazione e perseveranza, questa città ti offre l'opportunità di farlo. Questo vale per tutti i settori: se inizialmente lavori come aiuto cameriere, non è difficile che tu venga promosso a ruoli di grado sempre maggiore, come quello di supervisor o manager.

Se il ristorante per cui lavori fa parte di una catena presente in diverse regioni della Gran Bretagna, è possibile arrivare a essere il manager dei ristoranti di un'intera regione, e quindi gestire tutti i manager di quella determinata zona. Inoltre, un business che operi su larga scala dispone anche di diversi uffici come quelli di amministrazione, marketing o logistica; non è quindi esclusa la possibilità di entrare a fare parte di uno di questi team.

In poche parole, a Londra è possibile raggiungere una posizione *Senior* nell'arco di pochi anni. Questo sistema, in pochissimo tempo, mi aveva trasmesso un messaggio chiaro: se sarai capace e crederai in quello che fai, le porte si spalancheranno davanti a te e un percorso tutto in salita avrà inizio. Insomma, stavo scoprendo la *meritocrazia.*

Eravamo seduti su una panchina nel centro commerciale di Royal Oak, fuori pioveva, era la metà di Luglio ed entrambi indossavamo un giubbotto di pelle; in quel momento le condizioni climatiche mi interessavano poco e niente, ero così presa dal vivere uno dei momenti più intensi della mia vita che avrebbe potuto nevicare e io non me ne sarei accorta.

Mentre facevamo uno spuntino con una crepes alla nutella, Antonio mi prendeva in giro per la mia voracità. Ho sempre avuto una grande passione per il cibo, non sono mai stata quel tipo di ragazza elegante che dà piccoli bocconi perché ha lo stomaco stretto o perché sta bene fare così, ho sempre mangiato con passione. Credo si tratti di un retaggio familiare.

«Ti piacerebbe lavorare come chef anche quando sarai più grande?» Gli chiesi. «Forse sì, amo cucinare. Anche se Francesco è un pazzo, non fa altro che gridare tutto il tempo. E i ritmi sono estenuanti, questa settimana ho lavorato settantacinque ore». Rispose.

«Wow, sai che soldi? Stai diventando ricco.»

Lo prendevo in giro.

«E c'è qualcos'altro che ti piacerebbe fare? Non so... lo scienziato, l'astronauta?» Continuavo ironica.

«Quando ero in Italia riparavo computer. Ma lo facevo più per curiosità che per soldi, se qualcuno aveva un problema mi offrivo di risolverlo; ovviamente non garantivo che ci sarei riuscito, però m'impegnavo molto, perché mi piace capire come i diversi ingranaggi funzionino tra loro.» Spiegò.

«Allora questo potrebbe diventare il tuo prossimo lavoro!» Esclamai. «È un settore in forte crescita.»

«Non saprei, non sono nemmeno laureato quindi non penso che un'azienda di quel tipo potrebbe considerare il mio profilo.» Rispose con sfiducia.

«Secondo me ti sottovaluti, io non sarei in grado di riparare nemmeno un telecomando, al massimo sostituire le pile, figuriamoci un computer. Non dovresti tralasciare questa passione, sono certa che potresti fare dei corsi e capirci qualcosa in più. Sei a Londra, parli inglese e qui ci sono tante opportunità, dovresti sfruttarle.»

«Non ne sono troppo sicuro, non parlo l'inglese così bene e sinceramente non ci ho mai pensato davvero.»

«Pensaci allora! Sei giovane, sei a Londra e sai riparare computer, non sanno mica farlo tutti! Potresti provare a cercare lavoro in un negozio per fare un po' d'esperienza, poi chissà. Da cosa nasce cosa, potresti iscriverti a un corso e magari un giorno lavorare per qualcuno.»

Sorrise con gli occhi più innamorati del solito. Anni dopo mi confessò che era la prima volta che qualcuno dimostrava così tanta fiducia in lui.

«E tu cosa vorresti fare dopo la laurea?» Mi chiese.

«Non lo so di preciso; vorrei fare qualcosa di positivo per il mondo, qualcosa che faccia la differenza. Mi piacerebbe poter aiutare gli altri, o il pianeta. Non voglio lavorare per una compagnia che pensa solo a vendere e fare soldi, vorrei lavorare per qualcosa o qualcuno che abbia come obiettivo quello di migliorare le cose. Oggigiorno, la maggior parte dei business trasmette un solo messaggio: *compra, consuma butta e acquista di nuovo,* e io non voglio farmene portavoce.»

Ero molto sicura di quello che stavo dicendo. E poi continuai:

«Sai che Vera ha studiato qui? Che grande, la stimo tantissimo».

«Sì, me l'hai già detto.»

Antonio era uno dei pochi uomini dalle elevate capacità di ascolto con cui avevo avuto a che fare; con lui potevo effettivamente parlare di qualsiasi cosa e sapevo che mi avrebbe ascoltata; ricordava sempre quello che dicevo, nei minimi dettagli e senza troppi sforzi.

«Lo puoi fare anche tu.» Rispose convinto.

«Io? Ti pare! Non parlerò mai l'inglese abbastanza bene da studiare all'università qui. E poi sai quanti soldi ci vogliono, avrò massimo cinquecento euro da parte.»

«Ma di cosa ti lamenti? Tra un po' comprerai un grattacielo nella city, con tutti i soldi che guadagni a furia di lavorare sessanta ore a settimane al Waterway!»

Scoppiammo a ridere.

Scherzavamo sempre sui soldi che non erano mai abbastanza. Condividevamo con altri coinquilini una piccola casa nel centro di Londra che aveva davvero pochi di comfort, mancavano perfino i termosifoni, ma c'era spazio a sufficienza per accogliere noi, il nostro amore e i nostri sogni.

È vero: Londra è città molto costosa in cui non è sempre facile adattarsi, ma ci sono esperienze che vale sempre la pena vivere e che ci arricchiscono con qualcosa che non si può comprare, ma solo vivere e scoprire.

«Non preoccuparti: frequenti ancora l'università in Italia, hai tempo sia per migliorare il tuo inglese che per risparmiare, ce la puoi fare.»

«Non lo so, mi sembra una cosa troppo grande e difficile. Non so nemmeno come funziona il sistema universitario qui e quanto effettivamente costi.» Replicai.

«Tu prima però hai detto che io ce la posso fare, vero? E allora vale lo stesso per te. Se ce la posso fare io, puoi farcela anche tu.»

Sorrise e mi abbracciò.

«Immagini se un giorno succedesse per davvero?» Gli dissi.

Antonio mi guardò e poi sorrise; sentiva dentro sé la voce della speranza, la stessa che sentivo anch'io.

Da quel giorno saremmo diventati reciprocamente i nostri più grandi fan e sostenitori. Il legame che ci univa era così forte e autentico che eravamo sempre in grado di capire chi dei due avesse più bisogno dell'altro. L'equilibrio d'empatia perfetto che si creò spontaneamente tra noi fu la benzina per i nostri obiettivi e il collante della nostra relazione. Lontani da tutto e da tutti, eravamo diventati l'uno la famiglia dell'altro.

Così nei mesi e negli anni a seguire, iniziammo timidamente a muovere i primi passi verso nuovi traguardi che, lentamente, sceglievamo con un coraggio di cui non avevamo ancora piena consapevolezza.

La paura di rischiare, di non riuscire e di non sapere cosa accadrà se intraprendiamo un determinato percorso piuttosto che un altro, è ciò che di solito ci fa indietreggiare o arrendere, che ci suggerisce di non oltrepassare la linea virtuale che la nostra mente pone tra ciò che ritiene alla nostra portata e ciò che invece definisce rischioso.

La paura è quella sensazione che ci sconsiglia di osare. I coraggiosi sfidano la paura e la vincono. Questo non significa che otterranno di sicuro quello che vogliono, ma è comunque importante superare la paura e provarci, provarci sempre.

Affrontare la paura è come fare un'immersione subacquea: prima ti allontani dalla riva fino a perderti in mare aperto, un mare così profondo che sembra nero, a quel punto avere paura è normale, ma una volta che salti in acqua e cominci la discesa regolando la pressione dell'aria, quel nero si trasforma in colori meravigliosi, mai visti prima. Così scopri che nel mare, sotto quella superficie scura e pericolosa, si nasconde un magico mondo parallelo in cui le creature marine sono protagoniste e noi semplici spettatori. Questa scoperta, però, è stata possibile soltanto perché non ti sei fermato di fronte alla paura del buio e hai corso il rischio di saltarci dentro.

A volte bisogna solo avere il coraggio di tuffarsi nell'ombra dell'ignoto per scoprire una luce diversa, che illumina quelle che consideravamo debolezze ma che possiamo trasformare in punti di forza; che ci fa vivere qualcosa che non credevamo fosse possibile e ci mette di fronte ai nostri successi. Accettare la paura senza lasciarsene vincere è una delle chiavi per la ricerca della propria felicità e di una vita da vivere pienamente e senza rimpianti.

***

Quando accennai a mio padre che stavo considerando l'idea di studiare all'estero, lui non mi prese molto sul serio, e forse nemmeno io lo feci in quel momento.

Precisò, però, che se avessi deciso di studiare fuori non avrei potuto contare sul suo supporto economico. In realtà non gli avevo chiesto nulla, stavo solo condividendo con lui l'idea di un progetto futuro. Da quella risposta percepii lo stesso messaggio che avevo captato già tante volte da ragazzina: se volevo qualcosa, dovevo darmi da fare e trovare da sola il modo di ottenerla.

La mia intenzione di studiare a Londra non aveva ottenuto grandi consensi neanche le tra mie amiche. Molte si mostravano perplesse; non perché dubitassero di me, ma sapevano che avrei dovuto affrontare una grossa spesa. Intanto io ero sempre più convinta di intraprendere quella strada, ancora di più quando capii che sarebbe stata una missione impegnativa. Amavo le sfide, mettermi in gioco e soprattutto vincerle.

Per mettere in atto il mio piano avrei dovuto rispettare tre regole ben precise: risparmiare, risparmiare e risparmiare. Con una sola eccezione: i viaggi.

Fu essenziale fare distinzione tra ciò che consideravo superfluo e ciò che invece era prioritario. Spesso le ragazze spendono buona parte dei propri soldi in quattro attività: fare shopping, andare dal parrucchiere o dall'estetista e comprare profumi; ridurre o eliminare del tutto queste attività sarebbe stato un ottimo modo per risparmiare rapidamente. Inoltre, se da ragazzina avevo speso i soldi guadagnati per comprare vestiti e scarpe firmate per integrarmi meglio nei gruppi dei miei coetanei, vivendo a Londra avevo scoperto la bellezza della diversità e la tristezza dell'omologazione e avevo smesso di adeguarmi a un modo di fare che non solo non rispecchiava chi fossi realmente, ma non era nemmeno alla mia portata. Mi resi conto che la gioia di un paio di jeans Diesel pagati circa 130€ aveva una scadenza e che con quei soldi, invece, avrei potuto comprare qualcosa che mi interessava davvero, come un biglietto aereo per una nuova destinazione. Solo viaggiare mi avrebbe consentito di accedere a quelle realtà inesplorate in grado di arricchirmi e regalarmi sensazioni simili a quelle che provavo a Londra.

Collezionavo ricordi unici. I beni materiali come una borsa costosa sono beni finiti, ricordi ed emozioni sono invece beni infiniti: i primi soddisfano solo un desiderio temporaneo e ci donano un illusorio senso di felicità, un'emozione con la data di scadenza che non può competere con quella di un viaggio. Quella resta per sempre.

***

Per fortuna i miei capelli crescevano poco, ed io nel frattempo avevo imparato a tagliarmi la frangia da sola con il rasoio per depilarsi le gambe, a farmi la ceretta, a mettermi lo smalto e a truccarmi semplicemente con una matita e un mascara, senza spendere troppo.

A un anno e mezzo dall'inizio della mia strategia di risparmio riuscivo a lavorare, guadagnare a sufficienza per gestire le spese, risparmiare qualcosa e, nonostante l'incostante presenza tra i banchi universitari, sostenevo gli esami nei tempi prestabiliti e con risultati soddisfacenti.

Quando rientravo in Italia per due o tre mesi trascorrevo le giornate a studiare, cercando di recuperare il tempo speso a Londra. Volevo laurearmi in tempo e cercavo di essere in regola con gli esami, così da poter ricevere la borsa di studio annuale che aveva il duplice vantaggio di far risparmiare ai miei il costo delle tasse universitarie e farmi guadagnare qualche soldo in più. Inoltre, non ero tipo da perdonarmi facilmente il non essermi laureata in tempo.

Durante i mesi di studio trascorsi in Italia lavoravo, qualche sera a settimana, come cameriera in un locale fuori Bari o in discoteca; lì servivo ondate di alcool ai miei coetanei, che trascorrevano il giovedì sera universitario e i weekend a ballare, bere e divertirsi. Io, invece, ero così presa dai miei obiettivi, dai miei programmi e dai miei pensieri che sembravo essermi dimenticata di avere solo ventuno anni. Trascorrevo molte giornate senza godermele affatto, ossessionata da obiettivi che mi allontanavano dal presente e mi facevano vivere nell'ansia per il futuro.

***

«Sai che Andrea non è più al Waterway? Lavora in hotel, solitamente dalle sei del mattino alle due del pomeriggio. Non sarebbe male neanche per me cercare un lavoro più mattutino, sono stanca di tornare a casa all'una di notte e fare turni da dodici ore.»

Mi confrontavo sempre con Antonio, sapere cosa ne pensasse era sempre molto importante.

«Se dovessi trovare un lavoro del genere, dovrai svegliarti almeno alle cinque del mattino; la metro sarà chiusa e tu come arriverai al lavoro? Quando poi tornerai dall'Italia dovrai cercartene ogni volta uno nuovo, perché nessuno potrà riassumerti come invece fa Kasia.»

Antonio analizzava sempre con grande attenzione tutti i pro e contro di qualsiasi situazione, cercava di prevederne le difficoltà e i benefici, dopodiché rifletteva attentamente prima di prendere una qualsiasi decisione. Io invece ero l'impulsiva del team, quella che diceva *"vabbè chissenefrega, io mi butto"* e poi tornava a casa dicendo: *"Forse avevi ragione, dovevo pensarci meglio"*. Con il tempo sono migliorata e ho iniziato ad ascoltare i suoi consigli ma, ovviamente, alla fine facevo di testa mia.

«Significa che cercherò un nuovo lavoro ogni volta che torno, non voglio vivere in una città dove ci sono due milioni di ristoranti, caffè e bar e lavorare sempre nello stesso posto.» Risposi innervosita.

«Va bene, ha senso quello che dici. Ma pensa bene alla zona in cui cercarlo, perché se sarà troppo lontano da qui dovrai pagare anche i mezzi.[24] Al momento non

---

[24] Un abbonamento mensile della metro per zona 1 -2 costa circa all'incirca 150£ al mese.

hai questa spesa perché arrivi al lavoro camminando.»

«Si certo, cercherò qualcosa da queste parti.»

Dopo circa tre giorni avevo un nuovo lavoro alla stazione di *Paddington*, circa quindici minuti a piedi da dove abitavo. Avrei lavorato cinque giorni a settimana, dalle sei alle tre. Tornai a casa soddisfatta della mia nuova conquista.

Ogni mattina mi svegliavo alle cinque e un quarto, saltavo giù dal letto e mi incamminavo verso la stazione. Non ero abituata a uscire di casa così presto, ma avevo visto mio padre e tanta altra gente farlo. Se lo facevano gli altri, potevo farlo anch'io.

Sembrava che Londra dormisse ancora, in lontananza sentivo le sirene delle auto della polizia e delle ambulanze rimbombare nel silenzio del buio, osservavo gli scoiattoli scappare frettolosamente sugli alti alberi che delimitavano le sponde del canale mentre il gelido freddo delle prime ore dell'alba mi congelava la punta del naso e camminavo a passo svelto per arrivare il prima possibile. Un tratto di strada mi spaventava in modo particolare, un sottopassaggio stretto e lungo circa venti metri; prima di attraversarlo mi guardavo sempre le spalle per vedere se ci fosse qualcuno dietro di me, ogni volta che lo superavo tiravo un sospiro di sollievo. Dopo qualche settimana mi ero abituata anche a questo, quella sensazione di paura era passata in fretta anche perché avevo scoperto che ci sarebbe stato qualcosa di molto più spaventoso ad attendermi ogni giorno: l'accento di Birmingham del mio nuovo manager, Jamie.

Era la prima volta che avevo un manager inglese e forse la terza che lavoravo con un madrelingua. Solitamente siamo noi stranieri a formare lo staff di hotel, bar e ristoranti nella capitale britannica, gli inglesi ambiscono ad altre attività. Comprendere uno straniero che parla inglese è solitamente più semplice rispetto ad un *native speaker*[25], perché il vocabolario utilizzato durante una conversazione è più semplice e il ritmo più lento. Riuscire a capire l'inglese parlato da un britannico del Nord, da uno scozzese o da un irlandese è come aver superato l'ultimo livello di Super Mario Bros. Comprendere l'inglese parlato da chiunque altro: americani, australiani, canadesi, sudafricani e qualsiasi altro mix di accenti, è molto più semplice.

Avrei impiegato anni per raggiungere questo traguardo.

[25] Madrelingua.

7

Cheeky Girl

Mentre sparecchiavo tavoli e imparavo a fare caffè, incontravo sempre più gente proveniente da tutti gli angoli del mondo, tra cui molti italiani. Curiosa com'ero, volevo sempre conoscere la loro storia e scoprire di cosa si occupassero. Avevo sempre guardato con ammirazione chi ricopriva ruoli considerati generalmente di prestigio come quello da ingegnere, dottore, avvocato, consulente, artista. Ma apprezzavo ancor di più, chi era stato capace di raggiungere importanti traguardi professionali venendo dal basso, grazie alla propria fatica, capacità e determinazione. Queste persone erano per me fonte d'ispirazione, volevo essere anch'io tra quelli che ce l'avevano fatta da soli senza l'aiuto di nessuno. Il primo parametro che utilizzavo per valutare quanto una persona fosse determinata e interessante era proprio il lavoro che faceva. Senza esserne cosciente, avrei utilizzato lo stesso parametro per misurare me stessa.

***

Era una domenica come tante, stavo sparecchiando un tavolo mentre ascoltavo una ragazza italiana parlare al telefono con sua madre. Finita la telefonata mi avvicinai e le chiesi:

«Sei italiana?»

La risposta era abbastanza ovvia, ma solitamente porre domande sulla provenienza è sempre un'ottima scusa per far partire la conversazione.

«Si, sono di Firenze.»

«Che bella!» Esclamai. «Tutti dicono che sia bellissima ma non ci sono mai stata, spero di andarci un giorno. Da quanto tempo sei a Londra?»

«Da un anno». Rispose.

«E di cosa ti occupi?».

«Sono un architetto, ho lavorato in Italia per un due anni in uno studio, mi sottopagavano e lavoravo tantissime ore al giorno. Sai com'è in Italia. Un'amica che vive qui mi aveva proposto più volte di trasferirmi a Londra, così un giorno, presa dall'esasperazione, ho fatto le valige e sono partita. Ed ora eccomi qui». Sorrise. Sembrava felice.

Era più o meno la storia che avevo già sentito tante volte. "Un'altra scappata dall'Italia" pensai.

Per me era un po' diverso, io non mi sentivo una scappata di casa; io ero a Londra per scelta, perché amavo vivere in quella grande città abitata da gente proveniente da tutto il globo, dove potevo prendere aerei diretti per qualsiasi destinazione senza fare mille scali e senza mai dover litigare coi datori di lavoro per avere le ferie.

«E a te piace stare qui? Cosa fai: lavori e basta o studi? Sembri molto giovane.» Mi chiese.

«Lavoro qui, ma alterno mesi di studio in Italia».

«Ah che brava! Non è da tutti.» Esclamò.

«Ora però sono un po' preoccupata per il mio futuro, sto pensando di continuare gli studi qui, ma non so se sia fattibile. Sono già stanca di servire ai tavoli, non voglio passare tutta la vita a fare questo.»

«Non preoccuparti, sei ancora molto giovane. Hai tanto tempo davanti a te e sicuramente è molto positivo che tu sia qui, vedrai che ce la farai.» Mi incoraggiò.

«Lo spero. Come ti chiami?»

«Marta.»

«Piacere di conoscerti Marta, ora rientro. Se torni da queste parti mi troverai qui. Buona domenica!»

Jamie non era un tipo molto paziente, se mi intrattenevo troppo con la gente si arrabbiava.

Mi rimproverava spesso, dato che amavo parlare con tutti, quando non eravamo *busy*. Si innervosiva anche quando gli chiedevo di ripetere quello che diceva, dato che comprendere il suo accento per me rimaneva una sfida.

A volte mi sentivo davvero incapace, soprattutto quando perdeva la pazienza e faceva un gesto con la mano, come per dire "Lascia perdere". Il suo atteggiamento mi scoraggiava, abbassavo la testa e mi zittivo; altre volte, invece, lo affrontavo e, con il mio inglese elementare, rispondevo ai suoi gesti scortesi:

«Non è carino che reagisci così. Non è facile per me capire tutto quello che dici. Io sto cercando d'imparare un'altra lingua in un paese che non è mio, tu oltre all'inglese che lingue parli? Ti assicuro che, se cercassi di impararne un'altra, ti sentiresti esattamente come me».

Cercavo di suscitare in lui un po' d'empatia. Ai miei tentativi di dialogo, lui rispondeva scuotendo la testa e borbottando:

«*You are so cheeky, you are so cheeky*».

E ovviamente io non sapevo cosa significasse.

«Cosa significa, me lo spieghi?»

«*Cheeky is cheeky*, non so come spiegarlo». Rispose.

«OK, va bene; quando torno a casa cerco il significato, così domani posso risponderti».

Non erano ancora giunti i tempi in cui tutti hanno internet sul cellulare, così ogni volta dovevo aspettare di tornare a casa per scoprire il significato delle parole.

«Sai cosa significa *cheeky*?» Chiesi ad Antonio mentre mi toglievo la giacca.

«Cosa?» Rispose con aria perplessa.

«Sai cosa significa *cheeky*? Oggi Jamie ha detto che sono *cheeky.*»

«Che cosa gli hai detto?»

«Gli ho detto che mi fa sentire un'idiota, perché non spiega le cose e mi tratta come una cretina.»

«Glielo hai detto proprio così?»

«No, ma non importa. Ora devo capire cosa significa *cheeky.*» Risposi mentre cercavo frettolosamente il pc per collegarmi al Wi-Fi.

Antonio iniziò a leggere con aria scherzosa:

«*Cheeky* in italiano significa sfacciata, schietta, insolente...»

Distolse lo sguardo dallo schermo. «Insomma, qualcuno che non ha peli sulla lingua; sembra che ti stia conoscendo bene anche Jamie, non ti smentisci mai.» Sorrise.

«Cosa vuole che faccia, dovrei stare zitta e farmi trattare da incapace? So bene che tante volte non capisco e la cosa lo snerva, ma che posso farci? Il mondo sarebbe un posto migliore se provassimo più spesso a metterci nei panni degli altri.» Affermai.

«Hai fatto bene a dire la tua. Vedrai che prima o poi lo capisce e la smette, altrimenti vengo lì e lo faccio smettere io». Scherzò, mi tirò fra le sue braccia e io mi lasciai coccolare.

Antonio sapeva sempre cosa dire per tirarmi su di morale, con lui al mio fianco tutto era più semplice. Nei giorni successivi Jamie continuò a ripetermi quanto fossi *cheeky*, ma io lo prendevo come un complimento; presto smise di fare quel gesto odioso con la mano quando non capivo e mi rispondeva:

«Te lo spiego dopo, ora siamo *busy*».

Appena era possibile tornavo a chiedergli spiegazioni, non gli davo tregua; a volte tra me e me pensavo: "Povero Jamie", sorridendo di me stessa. Intanto lui si sforzava di spiegarmi parole nuove e modi di dire. A volte ci capivamo, altre no, ma la nostra relazione migliorò e anche Jamie prese a riassumermi ogni volta che rientravo dall'Italia, nonostante fossi una *cheeky girl.*

***

Mancavano pochi esami alla laurea e tra questi alcuni richiedevano più tempo e sforzo di altri. Decisi così che avrei trascorso l'ultimo anno in Italia per laurearmi senza andare fuori corso.

Era fantastico avere ore intere da dedicare soltanto allo studio, lavoravo nel weekend o qualche sera a settimana e per il resto svolgevo un'ordinaria vita da studentessa.

Dato che mi sembrava di avere più tempo del solito decisi di dedicarmi anche ad altro. Cominciai a frequentare AIESEC, un'organizzazione studentesca che propone progetti di volontariato internazionali, stage e lavoro all'estero. Desideravo svolgere un'esperienza di volontariato in Africa, ed entrare a far parte di quest'organizzazione mi sembrava il giusto passo per capire come realizzare il mio obiettivo nel modo più economico e sicuro possibile.

Avrei potuto scegliere qualsiasi posto nel mondo ma sognavo l'Africa, un luogo lontano che avevo sempre visto in tv e dove la gente sembrava aver davvero bisogno di una mano. Volevo rendermi utile e fare qualcosa di buono per gli altri o per me stessa, perché quando aiutiamo gli altri, stiamo aiutando noi stessi. Il team mi comunicò di un'opportunità in Etiopia: cercavano volontari che insegnassero inglese a bambini tra i tre e i dieci anni, in una scuola a dieci chilometri dalla capitale.

«Se ti va possiamo metterti in contatto con Emma, lei è una delle responsabili di AIESEC Etiopia, potresti farci una chiacchierata e capire meglio di cosa si tratta, che ne dici?»

«Va bene, ma non sono sicura di poter partire nei prossimi mesi.» Risposi con esitazione.

«Non ti preoccupare, si tratterebbe solo di un colloquio conoscitivo.»

«Allora, tu quando potresti partire? Il team AIESEC di Bari parla molto bene di te e mi hanno detto che sei molto interessata.»

La sua domanda mi spiazzò, avevo spiegato al team che non ero certa di poter partire in tempi brevi. Tutto infatti, dipendeva dall'esito dell'esame di Economia Politica. Se lo avessi superato entro la fine di Gennaio, sarei potuta partire a Marzo per rientrare a Maggio, preparare l'ultimo esame per i primi di Giugno e laurearmi a Luglio. I tempi erano stretti, ma avevo l'occasione di vivere un'esperienza indimenticabile e non volevo perderla. Ero abituata a correre, procedere lentamente o concedermi lunghe pause non faceva per me.

«Vorrei però farti ben presente qual è la situazione qui e quali rischi potresti correre. Questa città, come le aree limitrofe, è caratterizzata da zone più sviluppate e altre estremamente povere; una volta qui, sarai a contatto con gente molto malata, con malformazioni rare. La cosa potrebbe impressionarti, è importante quindi che tu sia preparata. Inoltre, noi del team viviamo in modo molto semplice, con lo stretto necessario: potrai usare internet solo negli hotel durante il weekend o in qualche internet-point qui vicino, ma spesso non funziona bene. Potresti avere episodi di diarrea dovuti ai batteri presenti nell' acqua e nei cibi, il nostro corpo impiega un po' di tempo per adeguarsi, poi sviluppa gli anticorpi necessari per tollerarli. Io sono qui da circa cinque mesi e sono stata male più volte all'inizio, una volta sono finita addirittura in ospedale per una forte intossicazione alimentare. Tu che tipa sei? Sei una che si adatta? Altrimenti t'invito a pensarci bene, perché spesso la gente dopo una settimana decide di rientrare in Italia e questo crea ad AIESEC molti problemi.»

Quando smise di parlare, pensai:

«Nient'altro? Nessuna catastrofe naturale è inclusa nei rischi?»

Emma era stata chiara e diretta, tirai un sospiro e cercai di risponderle con disinvoltura e con la stessa chiarezza, mascherando le mie perplessità. Sarebbe stata lei a decidere se potevo aggiungermi al team o no, dovevo perciò mostrarmi sicura.

«Hai fatto bene a spiegarmi il contesto e le sfide che potrei vivere; quello che posso dirti è che sono una persona che si adatta facilmente e sono pronta ad affrontare queste difficoltà. Stai pur certa che non sarò tra quelli che si tirano indietro, non è mia abitudine lasciare le cose a metà».

«Perfetto. Allora teniamoci in contatto, sono certa che supererai l'esame tranquillamente».

Sorrise e mettemmo giù.

Vivere esperienze di volontariato non sempre è gratis, anzi, in molti casi è costoso. Io per fortuna avrei dovuto pagare soltanto il costo del volo e una piccola tassa di partecipazione, l'associazione mi avrebbe offerto vitto e alloggio. Non sapevo se avrei superato l'esame ma, all'idea di mettere piede su un volo intercontinentale diretto ad Addis Abeba, il mio corpo già vibrava d'emozione.

Tra i banchi dell'università incontrai Beatrice, una ragazza molto in gamba e decisamente più ferrata di me in matematica, con lei trascorsi intere giornate a studiare per preparare l'esame decisivo, Economia Politica.

Superarlo, adesso, aveva un duplice significato: mi sarei laureata in tempo e quindi trasferita stabilmente a Londra, e in più sarei partita per quella nuova esperienza in terra africana.

Ero seduta al quarto banco marrone di una fila centrale, avevano tutti lasciato il cellulare sulla cattedra, e la professoressa, con tono deciso, ci dava indicazioni su come disporci e mantenere le distanze. Avevo la bocca secca e tutti i sintomi dell'ansia da prestazione; di solito ero tranquilla agli esami, ma più mi avvicinavo alla fine del mio percorso universitario e più l'ansia aumentava. Volevo farcela nel modo e nei tempi che avevo deciso.

Lessi prima tutte le domande del compito, pensai che non erano poi così terribili. Per la prima volta, dopo tutte quelle ore di studio, sentii che ce la potevo fare.

Le regole erano queste: se raggiungevi un voto dal quindici in su, potevi accedere all'esame orale per arrivare almeno al diciotto; se invece avevi ottenuto un risultato uguale o superiore al diciotto, potevi verbalizzare quel voto.

Dopo una lunga settimana d'attesa eravamo tutti nuovamente seduti in quell'aula. La professoressa avrebbe comunicato i risultati e verbalizzato i voti. Il mio cognome rimbombò nell'aula. Scesi rapidamente i pochi gradini che mi dividevano dalla cattedra, mi sedetti dinanzi a lei. Era tutto nelle sue mani.

«Il suo voto per l'esame scritto di Economia Politica è ventuno. Che fa: rifiuta o verbalizzo?»

Il mio sorriso rispose per me.

«Sì, può verbalizzare.»

Dentro me una voce urlava "Africa arrivo!"

Ce l'avevo fatta una volta ancora.

È stato il secondo voto più basso di tutto il mio libretto universitario insieme a quello di statistica; sapevo che sarebbero stati gli ostacoli più difficili, e anche loro mi avevano insegnato qualcosa: non possiamo sempre eccellere in tutto, a volte è importante adottare la strategia dell'*accetto e vado avanti*, altrimenti il rischio è quello di perdere tempo ostinandosi su qualcosa che in fin dei conti è solo un voto, un numero che descrive come in quel giorno, in quell'ora e momento abbiamo risposto a delle domande, senza tenere conto di cosa possa esserci successo quel giorno stesso o durante una vita intera.

Quel voto è solo il risultato della performance di un momento, non di chi siamo e cosa valiamo. Quella è un'altra cosa.

8

Il primo volo intercontinentale

Aeroporto di Heathrow, Londra, ore diciannove. Da lì a poco sarebbe partito il mio aereo con destinazione Addis Abeba, la capitale Etiope. Avevo scoperto questo nome studiando dai libri di storia l'annessione dell'Etiopia al Regno d'Italia negli anni '30, ma non avevo mai considerato la possibilità di visitarla.

Avevo appena ventitré anni e quello che stava per accadere mi sembrava impossibile: di lì a poco sarei salita, da sola, su uno di quei mega aerei che avevo visto solo nei film, di quelli con tre file di sedili e la tv incorporata, su cui le hostess ti servono il pranzo completo e ti offrono coperta e cuscino, trascorri ore interminabili ad ascoltare la musica mentre oltrepassi oceani, montagne, fiumi e laghi per raggiungere un nuovo continente.

Ero tutta un brivido: da una parte mi sentivo piena di energia e non vedevo l'ora di essere lì, dall'altra vivevo uno stato di ansia misto alla paura. Non sapevo *esattamente* dove stessi andando, non ne avevo un'immagine mentale chiara.

Quando conosciamo qualcosa, lo possiamo facilmente associare a posti, suoni, odori, ricordi, volti. Ma quando non sappiamo dove stiamo andando, chi stiamo per incontrare, il non sapere ci fa paura.

Questo non vale solo per chi prende un aereo per raggiungere l'altra parte del mondo. Spesso ci precludiamo tante possibilità autosabotandoci: crediamo di non essere all'altezza di qualcosa, o che la strada da intraprendere sia troppo complicata. La nostra mente genera una serie di convinzioni che ci deviano, portandoci nella direzione opposta rispetto a dove vorremmo davvero andare. La ragione è che abbiamo paura e non abbiamo il coraggio di assumerci pienamente la responsabilità delle nostre scelte e rischiare.

Solo accettando quell'emozione negativa che categorizziamo come *paura*, possiamo superarla e trovare il coraggio di saltare dall'altra parte, e quindi trovare la forza per andare, dire e fare quello che vogliamo veramente, con la consapevolezza che non potremo sempre calcolarne le conseguenze o sapere di preciso cosa accadrà dopo.

Superare la paura è scegliere di perdere il controllo, è lasciarsi andare, è come lanciarsi col paracadute. Compiere questa scelta vuol dire vivere come il vero protagonista della tua vita, ossia seguendo non ciò che è obbiettivamente giusto o sbagliato, ma quello che in quel momento è giusto per te. E non c'è nessuno, a questo mondo, che possa sapere cosa è meglio per te, se non te stesso.

Secondo gli accordi, Emma sarebbe dovuta venire a prendermi in aeroporto, ma, trascorsa più di mezz'ora dal mio arrivo, ero ancora lì ad aspettare. La mia SIM italiana non mostrava alcun segnale di ricezione e nessuno vendeva SIM locali in aeroporto. Non mi restava che aspettare, sperando che Emma sbucasse all'improvviso dalla porta degli arrivi; ma si sa: in quei momenti non importa in che direzione tu stia guardando, chi attendi arriverà sempre dal lato opposto.

«Ciao! Scusami sono in ritardo, lo so, ma c'era tantissimo traffico; ti presento Hailem.»

Ci presentammo. Hailem era un ragazzo di Addis Abeba, solo poche ore dopo avrei capito che era il ragazzo di Emma. «Per fortuna sei arrivata! Non sapevo come rintracciarti, non ho una SIM locale e a pensarci bene non ho nemmeno il tuo numero.»

«Scusami davvero, ma l'importante è che ce l'abbiamo fatta. Ascolta: di solito prendiamo un taxi da qui, ma costano sempre di più; ti va bene se andiamo con un bus locale?»

«OK, nessun problema.» Risposi.

Ricordai la nostra conversazione su Skype, in quell'occasione avevo ostentato il mio spirito di adattabilità; bene, era arrivato il momento di metterlo in pratica.

In un attimo mi ritrovai in mezzo a un caos totale: le macchine scorrazzavano veloci e la gente attraversava la strada passando tra autobus in cammino, macchine in doppia fila, sequele di camion e scooter; per strada non si vedevano solo veicoli ma anche animali: asini, cani e qualche gallo che scappava qua e là sul ciglio della strada; c'era una grande confusione e tutto intorno era estremamente rumoroso e impolverato.

Mentre trascinavo la valigia, convinta che stessimo andando verso la fermata degli autobus, scoprii che il bus locale non era altro che uno dei tanti minibus da dieci posti che inchiodavano nel mezzo del traffico, fermati da una folla di gente che tra urla e gesti indicava all'autista di voler salire.

Tra questi c'eravamo noi.

Il minibus frenò bruscamente e un ragazzo giovane dagli abiti stropicciati ci fece salire mentre teneva aperto il grande sportello e contava i soldi. Dentro c'erano almeno quindici persone.

"Io posso anche farmi spazio tra tutta questa gente, ma la mia valigia?" Pensai.

«Abbiamo un bagaglio.» Disse Emma indicando la mia valigia.

Il ragazzo afferrò con sicurezza il bagaglio, si arrampicò con un'agilità sorprendente sul tettuccio, lo posò e saltò subito giù. Io stavo in fondo, stretta tra Emma e una signora con in braccio un bambino; seduta com'ero, se il mio bagaglio fosse caduto non me ne sarei nemmeno accorta. Sospirai, il minibus iniziò la sua corsa. Emma posò la mano sulla mia gamba e osservò la mia espressione, tra shock e incredulità mi sorrise e disse:

«Benvenuta in Etiopia.»

La casa in cui avrei abitato con altre cinque persone si trovava in uno stabile al sesto piano, ovviamente senza ascensore. Non c'erano altri mobili a parte dei materassi. Davvero, la casa era praticamente vuota a parte che per l'essenziale, o forse anche meno.

«Più giù su questa stessa strada c'è un'altra casa di volontari, stasera li incontrerai. Ora c'è qualcosa di cui hai bisogno?» Mi chiese Emma.

«È possibile prendere una sim?»

Erano passate circa tre ore dall'atterraggio e non avevo ancora comunicato a nessuno il mio arrivo in terra africana.

«Certo! Hai con te delle fototessere?»

«No.» Risposi.

Le strade erano affollate e trafficate; tanta gente indossava roba sporca o strappata, inclusi i bambini, che gironzolavano da soli. Alcuni stavano chiaramente andando a scuola, date le divise, altri invece elemosinavano per strada non troppo lontani dalle loro madri.

In fondo alla strada in cui avrei abitato c'era una strada asfaltata, ogni macchina che passava impolverava tutto; su quella stessa via delle donne vendevano della frutta, alle loro spalle c'era la baracca del macellaio, che mi colpì più di tutte le altre: la carne era esposta a cielo aperto, non c'erano frigoriferi e nemmeno protezioni per preservarla dalla polvere. Di fronte a quella scena sgranai gli occhi per l'incredulità ma era solo l'inizio.

Lungo la via principale vidi diversi taxi blu e bianchi che mi ricordavano la fiat centoventotto, e molti minibus in fila. Ero assalita da immagini, odori e rumori, mi guardavo intorno con stupore.

Credo che l'impatto del vedere per la prima volta un nuovo continente sia sempre molto forte, ma quando si lascia il mondo occidentale e ci si trova in un paese che cerca con grande affanno di sfuggire da una condizione di sottosviluppo, l'impatto è travolgente.

Emma mi indicò una botteguccia uguale alle mille altre che sporgevano sulla strada, l'insegna era sbiadita. Mi accolse una stanza buia; un uomo mi indicò uno sgabello su cui sedermi, mentre scompariva sotto la tenda nera di un'antichissima macchina fotografica che si reggeva su un cavalletto. Contò fino a tre e tirò una corda, una luce abbagliante illuminò tutta la stanza immortalando in quello scatto indimenticabile l'espressione del mio viso. Non avrei mai creduto che fare delle semplici fototessere potesse rivelarsi un'esperienza così unica: era la prima volta nella vita che qualcuno mi scattava delle foto in quel modo, che avevo visto solo nei film; mi sembrava di essere saltata su una macchina del tempo e aver fatto esperienza di un tempo passato che io non avevo avuto la possibilità di vivere.

Uscite da lì, continuammo il nostro percorso a piedi. Tutto era carico di contraddizioni: ai grandi palazzi dell'Onu e delle ambasciate facevano da cornice gli slum e le baraccopoli in cui la miseria regnava. Ricordo il lusso e l'imponenza del Palazzo di Menelik II[26] torreggiare sulla povertà che campeggiava a pochi chilometri di distanza. Mentre attraversavo un ponte, facendomi spazio tra la gente che mi scrutava incuriosita, vidi in lontananza una gigantesca baraccopoli immersa tra alberi e lamiere; un gruppo di bambini si avvicinò per chiedermi dei soldi, mentre altri ragazzi gridavano da lontano *"Sister, sister, how are you sister?"*

Mi sentivo colpita dall'estrema povertà di bambini, donne e uomini sporchi e avvolti in abiti fatti di stracci, dal loro sguardo triste, dai volti provati da una vita ricca di avversità, dal loro corpo ricurvo per i colpi della fame e della sofferenza; sentii una forte stretta allo stomaco come non avevo mai provato prima. Molta di questa gente era chiaramente malata e non si trovava in un letto di ospedale ma sull'asfalto rovente di una strada. Quello che mi faceva più male era l'indifferenza generale: tutta la gente intorno camminava come se niente fosse, nessuno volgeva lo

[26] Meglio noto come Palazzo Imperiale o Grande Ghebbi,è un gruppo di edifici a uso residenziale e religioso ortodosso, situato su un colle ad Addis Abeba.

sguardo verso questa povera gente abbandonata a se stessa e destinata a una cruenta battaglia giornaliera per la sopravvivenza.

Emma e Hailem camminavano decisi davanti a me, anche loro sembravano indifferenti. O forse no, non potevo saperlo; non potevo immaginare come si era sentita Emma la prima volta che aveva messo piede qui, o Hailem, che invece ad Addis Abeba ci era nato. "Forse tra qualche giorno diventerò anch'io insensibile al silenzioso urlo di sofferenza di questa gente" pensai.

D'altronde, fin quando qualcosa non tocca da vicino noi o i nostri cari, si ha sempre la percezione che non ci riguardi, che non è colpa nostra, che non ci possiamo fare niente.

***

Finalmente, dopo circa sei ore dal mio atterraggio, comunicai alla mia famiglia che ero arrivata sana e salva in Etiopia.

Emma propose di pranzare in una locanda lì vicino, così attraversammo un sentiero di campagna ed entrammo in un giardino, occupammo posto a un tavolo apparecchiato con una tovaglia di plastica azzurra.

«Abbiamo ordinato un'*injera* più grande così la possiamo dividere in tre, è un piatto tipico di qui.»[27]

---

[27] L'*injera* è il pane di molte regioni africane, dall'Eritrea

Era arrivato il momento di mettere il mio spirito di adattamento alla prova: sono sempre stata un po' schizzinosa con il cibo, con chi fa rumore quando mastica o lo fa a bocca aperta; non mi è mai piaciuto vedere, per esempio, chi s'inzuppa le mani di olio mentre mangia le cosce di pollo, ma ora gli eventi mi chiedevano di superare anche questo limite. L'educazione lì imponeva, infatti, di mangiare in tre, e con le mani, nello stesso piatto. Osservavo Emma e Hailem strappare pezzi di *injera*, raccogliere le verdure e mangiare; non potevo permettermi di fare la schizzinosa, dovevo rimanere lì per due mesi, quindi dovevo adattarmi o non avrei mangiato.

Il sapore era buono, forse troppo piccante per i miei gusti, non gli prestai tuttavia molta attenzione, ero troppo distratta dall'esperienza in sé. Hailem mangiava con tantissimo gusto; parlava benissimo inglese e mi raccontò di essere cresciuto in una baracca lì vicino. Aveva occhi dolcissimi, un tono di voce calmo e un cuore grande. Era simpatico e disponibile, parlava poco ma in modo esaustivo. Emma aveva scelto bene il suo compagno d'avventura.

Entrai in quella che sarebbe stata la mia stanza e avvertii un forte senso di disagio. Guardai fuori dalla finestra, il cielo era pieno di stelle e si sentiva un gallo

---

all'Etiopia ed è preparato con la farina di teff, un cereale tipico di queste zone; è servito di solito con altre verdure al suo intero e rotoli d'injera che serviti a parte sono strappati in brandelli e utilizzati per portare il cibo alla bocca.

cantare da qualche parte. Mi tornava in mente l'immagine di quei volti sofferenti e avvertivo uno sconforto che mi si raggrumava nel petto denso. Avevo paura. Dubitai della mia scelta, mi sembrava di non ricordare più il motivo per cui mi trovassi lì, non sapevo se sarei stata in grado di reggere la situazione, ma ormai avevo dato la mia parola.

A consolarmi ci pensò la mia compagna di stanza Giulia, un'infermiera marchigiana.

«Ma tu da quanto tempo sei qui?» Le chiesi.

«Da una settimana.»

«E come la stai vivendo? Io sono un po' sotto shock dopo questa giornata, non so se ce la posso fare a stare qui due mesi. Mi sembra di aver dimenticato la ragione di questo mio viaggio.»

«Non preoccuparti, cerca di stare tranquilla; i primi giorni sono i più difficili. Veniamo da un posto completamente diverso, abbiamo solo bisogno di un po' di tempo per abituarci. Anche per me è stata dura questa settimana, negli ultimi giorni però è andata meglio. Io non conosco la ragione che ti ha portata qui, ma credo che andare a scuola domani ti aiuterà a ricordarlo.»

«Hai ragione Giulia, forse ci devo solo dormire su. Grazie.»

«Vedrai: domani andrà meglio.»

«Ma tu invece stai bene? Mi sembri un po' pallida.» Le chiesi.

«In realtà non sto benissimo: ho un po' di diarrea, una cosa abbastanza comune.» Non aggiunse altro, credo non volesse spaventarmi ulteriormente.

Mi ricordai di quello che mi aveva detto Emma durante la nostra chiamata su Skype. Mi ero dimenticata di questo dettaglio, constatai con un po' di turbamento.

Da quel giorno, Giulia ed io avremmo passato ogni sera a raccontarci le nostre avventure quotidiane e a prenderci in giro per il perenne stato di indisposizione con cui avremmo convissuto fino alla fine della nostra avventura.

L'indomani era il mio primo giorno di scuola. Io e Aurora, la ragazza Olandese che insegnava inglese ai bambini più grandi, c'incontrammo all'angolo della strada; da lì dovevamo prendere tre minibus per arrivare a destinazione.

«Quando il minibus arriva devi spingere, altrimenti rischi di non salire.»

L'indicazione di Aurora mi arrivò breve e cristallina, l'unica cosa che mi lasciava sorpresa era che un'olandese stesse dicendo a un'italiana di "spingere per salire"; a parte questa riflessione, capii che dovevo seguire il suo consiglio e cercai di metterlo in pratica al meglio.

Eravamo le uniche due straniere a sgomitare tra la gente del posto, la stessa gente che una volta saliti sul bus ci sorrideva e chiedeva incuriosita dalla nostra presenza, di dove fossimo e perché ci trovassimo lì ad Addis. Non esistevano fermate del bus, dovevamo urlare in amarico "fammi scendere!"

Durante il tragitto verso la scuola cercavo di memorizzare bene la strada e di individuare dei punti di riferimento; se mai un giorno Aurora non fosse venuta con me avrei dovuto percorrere quella strada da sola, quindi dovevo impararla e mantenermi pronta per ogni evenienza. In un'ora e mezza circa ero salita e scesa da circa tre minibus; avrei dovuto farlo ogni giorno, e poi attraversare strade sterrate e impolverate, superando mercati affollati di gente e bambini che ci seguivano per implorare un'elemosina. Non era facile, ma se Aurora percorreva quel tratto di strada ogni giorno da sola, avrei potuto fare lo stesso anch'io. Appena arrivate a destinazione conobbi Muday, una giovane donna etiope che aveva deciso di dedicare la sua vita ai bambini più bisognosi e aveva fondato quella scuola per i bambini che in mancanza di alternative sarebbero cresciuti per strada. La sua era una storia di amore disinteressato verso gli altri, un racconto autentico e diverso dai film che trasmettono in TV, un insegnamento di quell'amore incondizionato che esiste senza aspettarsi nulla in cambio. Rapita dalle sue parole, dimenticai la fatica che avevo fatto per essere lì. Il mondo sarebbe stato sicuramente un posto migliore se fossero esistite più donne come lei, pensavo.

«Allora vieni, ti faccio vedere le tue classi.» Mi disse lei, indicandomi la strada.

Mi sentivo piccolissima. "Le mie classi"? Non avevo insegnato mai niente a nessuno, se non i balli di gruppo quando facevo l'animatrice turistica, o la tecnica per fare il cappuccino a qualche collega appena arrivato a Londra. Ora, invece, dovevo insegnare inglese a dei bimbi che non avevo mai visto prima e che non parlavano nemmeno in italiano. Il mio cuore palpitava alla sola idea di quell'incontro.

I bambini mi videro attraverso la finestra prima che io vedessi loro, e con un'energia incredibile iniziarono a urlarmi:

«Hello! Hello! Hello!»

Erano piccoli, avevano circa quattro anni. Non sono mai stata particolarmente affascinata dal mondo dei bambini, forse perché sono la più piccola della famiglia e non ho mai avuto un contatto diretto con loro, ma questi bimbi erano speciali.

Mi fermai a osservarli attraverso la finestra, gli occhi mi si riempirono di lacrime. Sentii il cuore traboccare d'emozione, il tempo si fermò e mi tornarono in mente le parole di Giulia: "Quando arriverai a scuola tutto avrà più senso."

Di fronte alla semplicità di quel momento, tutto ebbe senso. Ciò che provai in quell'istante valse tutti i sacrifici che avevo fatto per essere lì: lo studio affannato, il biglietto aereo costoso, la casa senza frigo e la polvere tra i capelli con cui tornavo a casa la sera. Tutto divenne nitido, le paure scomparvero e le esitazioni si dissolsero nel nulla. Non avrei mai potuto vivere quell'emozione se mi fossi lasciata condizionare dalla paura, se avessi pensato che a ventitré anni l'unica cosa che potevo fare era andare all'università. Grazie ai miei anni a Londra potevo essere lì, dall'altra parte del mondo, a insegnare qualcosa.

Così piccoli, semplici e ricchi d'entusiasmo, quei bambini che non avevano quasi niente mi guardavano pieni di gioia, felicissimi di conoscermi. In tanti mi corsero incontro e mi abbracciarono, forse perché un abbraccio, un po' d'amore era la cosa di cui avevano più bisogno. Erano loro, così piccoli e indifesi, che avrebbero insegnato qualcosa a me: col solo sguardo, ogni giorno, mi avrebbero urlato senza aprire bocca quanto fossi fortunata, quanto la vita sia stata generosa con noi occidentali che, invece, non ce ne ricordiamo mai.

***

I giorni trascorsero rapidi tra un minibus e l'altro, tra una lezione sui colori c un'altra sui numeri, tra un'*injera* e un po' di riso in bianco, tra una visita al museo della città e le risate con il gruppo dei volontari che intanto si era formato. Ero arrivata solo da qualche giorno e mi proposero di esplorare le zone limitrofe nel weekend. Partimmo con un bus alle tre di notte insieme alle nostre guide locali. Per pranzo portai con me solo una scatola di tonno al naturale, e del pane avvolti in un fazzoletto.

Il nostro viaggio notturno cominciò nel mezzo del silenzio e delle strade deserte, la luna che risplendeva alta nel cielo era la sola fonte di luce e non ci consentiva di scrutare il panorama intorno, ma non appena fu l'alba il cielo si colorò di rosa e arancio e si riempì di sfumature. Stavo incollata al finestrino come una bambina che si gode incantata la vista di qualcosa di completamente diverso da tutto ciò che abbia mai visto prima.

Non c'erano né segnali stradali né semafori; a villaggi piccolissimi si alternavano chilometri e chilometri di strada deserta e sterrata, punteggiata da alberi di acacia[28], che fino a quel momento avevo visto solo in qualche documentario. Le donne camminavano portando sul capo ceste piene di cereali e spezie, una fila di asini trasportava ordinate fascine di legna, gruppi di bambini giocavano nudi sul ciglio della strada o vicino ai villaggi.

Provai la stessa emozione che provavo da bambina, quando viaggiando in macchina per l'Italia con la mia famiglia mi rifiutavo di addormentarmi per non perdere il momento in cui avremmo oltrepassato i

---

[28] il tipico albero africano

confini di una regione per entrare nell'altra. Amavo vedere quel cartello che segnava un confine, l'emozione che mi dava lo spingermi al di là di quel limite segnalato mi piaceva un sacco.

Dopo ore di viaggio il paesaggio si era fatto montuoso; il silenzio era travolgente, gli uccelli danzavano liberi nel cielo, tutto sembrava essere in armonia. Mi sentivo in perfetta sintonia con la natura. Da Londra avevo avuto la possibilità di visitare già molte capitali europee, ma nulla mi aveva mai emozionata così. A un tratto mi accorsi di essere lontana dal resto del gruppo; c'ero solo io, che dall'alto di un promontorio avevo l'onore di gustare in un magico silenzio quella vista mozzafiato mentre il vento mi sfiorava i capelli e il sole mi colorava la pelle. Sentivo il mio spirito leggero e avvertivo un gran senso di pace.

Quell'esperienza innescò in me un crescente desiderio di viaggio e scoperta. Da quel momento in poi, la mia curiosità e voglia di avventura sarebbero solo aumentate. Compresi che non ci sarebbe stato edificio, dai grattacieli più alti alle chiese più barocche, capace di emozionarmi come lo spettacolo della natura. Decisi, da quel momento in poi, che i miei futuri viaggi avrebbero avuto come destinazione solo posti naturali e paesaggi accomunati da una delle cose che amo di più: il silenzio dell'uomo e il magico suono della natura.

9

Agire o Reagire?

Il sorriso brillante dei primi tempi andava sbiadendo.

Ero sempre più stanca di preparare caffè, confezionare dolci, svegliarmi alla cinque del mattino, ascoltare le lamentele dei clienti e fingere che avessero sempre ragione.

La sveglia suonò puntuale come tutte le mattine, fuori pioveva. Di solito andavo a lavoro in bicicletta; per un istante valutai l'idea di andare in bus, ma rischiavo di arrivare in ritardo a causa del traffico e bagnarmi lo stesso nel tragitto a piedi. Mi decisi a pedalare.

"Mi asciugherò una volta arrivata", pensai.

Quella mattina, non avevo per niente voglia di andare a lavoro: ero di turno con il mio nuovo manager, Mario, un ragazzo di origine slovacche. Tra noi non c'era una grande simpatia, a lui piaceva dare ordini e rimproverare chiunque. Aveva l'aria di essere tanto frustrato e poco felice, ma non era il solo: più gente incontravo e più riscontravo una sensazione di frustrazione diffusa tra noi immigrati.

I ragazzi che, come me, venivano da fuori sembravano all'inizio entusiasti delle numerose opportunità che la città offriva, della paga puntuale e delle ore di straordinario retribuite. Questo era sufficiente perché in molti si sentissero soddisfatti e appagati, ma con il passare del tempo le cose cambiavano.

Coloro che resistevano alle sfide della città erano in genere accomunati dall'ambizione di affermarsi professionalmente o dalla paura di lasciare la metropoli e perdere, con questa, le opportunità che offriva.

Farsi posto nella grande città non era affatto semplice: gli alti costi dell'affitto e dei trasporti, l'estensione della città stessa, l'instabilità delle relazioni personali, rendono tutt'ora Londra un posto in cui non è facile vivere. Inoltre, sono in molti quelli che, nei settori dell'*hospitality*, del commercio e non solo, non si sentono integrati adeguatamente con il resto della società circostante, proprio perché questi ruoli sono ricoperti principalmente dagli stranieri e non da inglesi. Si ha l'impressione, quindi, di avere di più ma di essere meno importanti, di fare parte di qualcosa ma, allo stesso tempo, di essere stati confinati ai suoi margini. La consapevolezza di trovarsi nella città delle mille possibilità genera, così, un'incessante corsa verso una condizione migliore: un lavoro più prestigioso, uno stipendio più alto, una casa più grande, una stanza più comoda, mentre l'idea di vivere soli resta un'utopia accessibile solo a pochi eletti.

Se, da una parte, questo stato di tensione e cambiamento incoraggia molti ragazzi a mettersi in gioco, porsi nuovi obiettivi, reinventarsi e desiderare una crescita professionale, dall'altra stanca e capire dove stia il giusto confine tra le due cose non è facile. Prima o poi ci passano tutti quelli che decidono di affrontare questo percorso.

Queste dinamiche creano una selezione naturale tra chi non regge i ritmi e le difficoltà della città, molla tutto e torna a casa e chi, invece, continua a lottare per conquistarsi il proprio posto. In questa stessa gara, però, si nasconde un'altra insidiosa battaglia, quella che ognuno cerca di vincere contro se stesso. L'idea di tornare a casa senza aver riscosso il successo sperato equivale ad un fallimento, e lo stesso era per me. Io volevo qualcosa in più: se davvero ero nella città delle mille opportunità, volevo essere certa di aver giocato tutte le carte a mia disposizione per arrivare più in alto possibile. Non volevo vivere di rimpianti, ma con la consapevolezza di aver dato sempre il massimo e il meglio di me. Solo puntando a cento avrei potuto sfiorare qualcosa al di sopra del cinquanta; non volevo tornare a casa a mani vuote. Tutti quelli che ce l'avevano fatta, che erano riusciti a distinguersi tra gli altri, erano la mia più grande fonte d'ispirazione, che m'incoraggiava ad andare avanti per vincere la mia sfida.

***

Arrivai a lavoro che ero bagnata fradicia, mi tolsi il giubbotto e corsi nello spogliatoio per indossare la divisa bianca. Iniziai a riempire la vetrina di dolci, cornetti, torte e altra mercanzia quando, a un tratto, Mario venne verso me, mi guardò con aria minacciosa e disse:

«La tua divisa non è stirata, vattene a casa.»

Non credo fosse di buon umore quel giorno, ma la fermezza con cui mi invitava ad andar via mi colse alla sprovvista.

«Devo andare a casa? Ma stai dicendo sul serio?» replicai incredula.

«Si, ti ho detto.» Rientrò nel suo ufficio

Avevo un'ora per allestire la vetrina e preparare la sala prima dell'apertura, decisi di fare finta di niente e continuai a lavorare, sperando che Mario mi lasciasse in pace per il resto della giornata. Dopo un'ora, non appena arrivò la mia collega e il negozio fu pronto per aprire, Mario uscì dall'ufficio, venne dritto verso di me e disse:

«Sei ancora qui? Ti avevo detto di andare via.»

«Hai aspettato che allestissi tutta la vetrina e arrivasse lrene per ribadirmelo?»

Lui ignorò la mia risposta:

«Ti ho detto di andare a casa. Stira la tua divisa e poi puoi tornare, se vuoi.»

Fuori pioveva, faceva davvero molto freddo, avevo pedalato sotto la pioggia per arrivare puntuale e non avevo alcuna intenzione di farlo altre due volte per una divisa non stirata. Feci un bel respiro, non volevo rispondere impulsivamente ma sentivo già il sangue ribollire per la rabbia e sapevo che non sarebbe stato facile tenerla a bada; erano giorni che ingoiavo rimproveri insensati e provocazioni.

«Ascolta: mi spiace se la divisa non è stirata come vorresti, ti prometto che non si ripeterà, ma ora sta piovendo e non mi va di tornare a casa sotto la pioggia e poi ritornare qui, non potremmo lasciare perdere?»

Non sapevo come, ma ero riuscita a formulare una frase priva d'insulti e imprecazioni e a mantenere un tono quasi dolce e pacato. Mario mi guardò dritto negli occhi, e completamente sordo alla mia richiesta, rispose:

«Vai a casa adesso, se vuoi tenerti il lavoro.»

Il suo sguardo, il tono da comandante e, soprattutto, la totale assenza di sensibilità ed empatia, mi mandarono su tutte le furie. Questa volta persi il controllo, o forse decisi di perderlo.

«Sai che c'è, Mario? Ma vaffanculo tu e le sei sterline che mi paghi l'ora.»

Mi slegai rapidamente il grembiule e, prima uscire dal negozio, aggiunsi urlando:

«Solo qui potevi trovare lavoro come manager, il tuo inglese è pessimo!»

Mi sbattei la porta alle spalle.

Purtroppo funzionavo così: se qualcuno mi faceva del male dovevo essere certa di aver fatto lo stesso. Sapevo che la mia reazione era stata esagerata ma avevo fatto del mio meglio per fargli cambiare idea, e non ero ancora diventata una santa.

Tornata a casa mi sentivo triste e confusa, e avevo voglia di farmi giustizia; se non fossi più tornata a lavoro avrei solo aiutato Mario a liberarsi di me; anch'io volevo liberarmi di lui, ma non era ancora arrivato il momento. Avevo bisogno di quel posto per almeno altri due mesi.

Contattai la mia ex manager e le raccontai dell'accaduto; lei mi consigliò di scrivere alle risorse umane. Nell'arco di due giorni ero di nuovo a lavoro, a dispetto di Mario, che invece sperava di licenziarmi.

Ci avrei messo anni per capire che in certe situazioni è molto più saggio girarsi e andar via invece di ribattere. Non esiste disprezzo più grande dell'indifferenza. Sarebbe bellissimo vivere in un mondo in cui tutti sono sempre in grado di mettere in pratica le buone maniere o di reagire alle situazioni nel modo più sano e logico, ma non è sempre facile. Siamo soliti pensare che le nostre reazioni dipendano da quella del nostro interlocutore ed io credevo che, se al posto di Mario ci fosse stata una persona più comprensiva e gentile, la mia reazione sarebbe stata diversa. Questo è probabilmente vero, ma anni dopo avrei capito che molte persone si immettono sul nostro cammino proprio per sfidare le nostre debolezze, metterci alla prova, spingerci a reagire e insegnarci così qualcosa in più su noi stessi.

Fin quando non lo capiremo, il test continuerà e le medesime condizioni si riproporranno, anche se le persone nel frattempo saranno cambiate. Ci sarebbero voluti tanti Mario, prima che capissi che la soluzione non è *reagire*, ma *agire*.

La parola *reagire* implica che qualcosa di negativo è avvenuto, e che, in un certo momento, qualcuno abbia detto, oppure agito in modo scorretto.

Quando rispondiamo *"lui/lei mi hanno detto così... ed io ho reagito così"*, in poche parole stiamo giustificando il nostro comportamento sbagliato, affidando la responsabilità delle nostre azioni nella mani di un altro essere umano che a sua volta è responsabile delle proprie.

La nostra reazione non è altro che un automatismo che ci fa saltare come una molla, portandoci così a perdere l'autocontrollo. È la risposta ad emozioni di rabbia, collera e prevaricazione; quando siamo sopraffatti dalle emozioni negative *reagiamo*; non è una libera scelta, perché in quel momento agiamo influenzati dalle emozioni negative e dai nostri stessi automatismi che, a farci caso, coincidono coi nostri pattern familiari.

Siamo noi a scegliere se *reagire* di fronte agli eventi che ci succedono, davanti alle difficoltà, alle offese, alle ingiustizie e ai comportamenti sbagliati degli altri o *agire*.

C'è una storiella significativa che spiega questo concetto:

Due amici si dirigono verso un'edicola.

Arrivati si accorgono che il giornalaio sembra imbronciato e astioso.

Uno degli amici gli si rivolge con fare cordiale per chiedergli di acquistare una rivista ben precisa. Dopo essersi allontanati, l'altro gli chiede:

"Ma è sempre così di cattivo umore quel tipo?

"Si, purtroppo." Risponde l'amico.

"E tu sei sempre così gentile con lui?"

"Si, certo."

Allora il primo amico pone al secondo la domanda che chiunque si farebbe:

"E perché, se lui è così cafone?"

"Perché" risponde l'amico, "non voglio che lui né nessun altro decida come mi devo comportare. Sono io a decidere come comportarmi. Io sono uno che agisce, non che re-agisce."

Me la cavai con una nota disciplinare. Mario fu rimproverato dall'area Manager e continuammo a lavorare fianco a fianco per altri due mesi. Dopo qualche tempo il suo atteggiamento nei miei riguardi cambiò, cercava di essere simpatico e di farmi ridere; mi lasciai alle spalle quell'episodio: tutti meritiamo una seconda chance e conservare sentimenti di odio e rancore ci tiene solo zavorrati al passato.

10

L'ansia del domani

Finalmente arrivò il giorno tanto atteso.

Alle quattro del pomeriggio di un caldissimo giorno d'estate avrei discusso la mia tesi, intitolata: *L'Atomica in Iran: Minaccia o pretesto?*

Per l'occasione indossavo una camicia bianca e un pantalone nero; volevo essere semplice ed elegante allo stesso tempo.

Si immagina il giorno della propria laurea come uno dei più belli, per me non fu così. L'intensità delle emozioni vissute durante la mia vita a Londra o l'esperienza in Africa era stata così forte che laurearmi mi sembrò una cosa da niente.

In realtà quel giorno, così come in tanti altri, mi sentivo inquieta e non sapevo bene perché; quella sensazione mi accompagnava un po' ovunque, soprattutto quando vivevo un momento di stop o avevo più tempo per pensare. Negli ultimi anni avevo fatto sempre tutto di fretta: cambiare lavoro, preparare gli esami, prendere aerei, risparmiare per viaggiare e studiare. Non potevo mai concedermi di essere stanca o di godermela troppo; dovevo darmi da fare, essere produttiva ed efficiente. Tante volte non ero in grado né di rallegrarmi per le mie vittorie, né di apprezzare ciò che di bello mi accadeva, davo un po' tutto per scontato e senza che me ne accorgessi, si creava dentro me un senso di competizione costante sia nei confronti di me stessa che degli altri, che mi allontanava dal *qui e ora* e proiettava di continuo la mia mente e i miei pensieri nell'ansia di domani.

Se, durante gli anni di studio, mi ero sempre e solo preoccupata di finire al più presto per potermi trasferire stabilmente a Londra; l'unica cosa che mi interessava post-laurea era riuscire a completare i miei studi a Londra e affermarmi professionalmente. Tutto ciò che si trovava in mezzo era solo una distrazione temporanea dal raggiungimento del mio vero obiettivo. Mi sono impegnata, così, a fare della mia vita un'agenda piena di scadenze e di traguardi da raggiungere. Fin quando gli eventi non mi avrebbero portata ad intraprendere un dialogo più onesto con me stessa, avrei continuato a cercare le risposte al mio senso di insoddisfazione sempre al di fuori di me.

***

Prima di partire per l'Africa ero più che certa di proseguire gli studi in *cooperazione e sviluppo internazionale.* Il mio obiettivo era quello di lavorare per un'organizzazione governativa che mirasse a migliorare le condizioni socio-economiche in paesi in via di sviluppo. Tuttavia, durante quell'esperienza avevo capito che non si trattava della strada giusta per me. Trascorrere del tempo coi diplomatici che lavoravano per alcune di queste organizzazioni mi diede infatti l'opportunità di apprendere che, per fare carriera in quel settore, era importante ricoprire i più svariati ruoli, sempre in paesi difficili; era il requisito minimo per una carriera di successo.

Un giorno io e altri volontari eravamo per un trekking non lontano da Addis, dove abitavano diversi diplomatici che lavoravano per le Nazioni Unite.

«Questo non è lavoro, è una vocazione. O ce l'hai o non ce l'hai.» Mi disse Marco, un uomo sulla quarantina che lavorava ad Addis Abeba già da qualche anno.

«Se vuoi crescere professionalmente dovrai lavorare in diversi paesi in cui la situazione politica e sociale è complicata, e dimostrare che il tuo operato è stato decisivo per il raggiungimento di determinati obiettivi.»

Poi aggiunse:

«In passato ho lavorato in Libia, Iraq e Ciad. Sono stati anni difficili, ma anche ricchi di soddisfazioni. C'è anche il rovescio della medaglia: con questo lavoro è davvero dura avere una famiglia, sei sempre fuori e lontano dai tuoi affetti. Il mio matrimonio, infatti, dopo tanti anni è saltato, e sono consapevole che uno dei motivi è il mio lavoro.»

Un velo di tristezza scese sul suo volto.

«Mi dispiace.» Gli dissi. Non mi uscirono altre parole.

«Le uniche famiglie che resistono a questo ritmo sono quelle in cui entrambi i genitori lavorano per la stessa organizzazione o simili, e si spostano insieme in paesi diversi ogni tot di anni. Intorno a loro si sviluppa una sorta di mondo parallelo creato apposta per i diplomatici e le loro famiglie; una sorta di città nella città in cui si trovano scuole, negozi, case, ville, centri sportivi e tanto altro.»

«Non ne sapevo niente.» Risposi, un po' delusa.

Quelle affermazioni mi invitarono a riflettere: Io volevo una famiglia? Forse era la prima volta che me lo chiedevo. In quel momento non era sicuramente la mia priorità, ma forse un giorno l'avrei voluta. Non mi sarebbe piaciuto sentirmi come Marco, che intanto continuava a parlarmi di sé, della sua famiglia e di tutto quello che sentiva di aver perso e conquistato. Ebbi l'impressione che si sentisse solo, trascorsi alcune ore ad ascoltare la sua storia come quella di tanti altri che, senza saperlo, mi hanno aiutato a riflettere su cose che non avevo mai considerato prima.

Ero investita dalla vocazione di cui Marco parlava? Volevo trascorrere anni e anni a lavorare in paesi al di fuori dell'Europa? Volevo davvero intraprendere una carriera che, oltre a darmi tanto, mi avrebbe sicuramente tolto tanto altro?

La mia risposta a tutte queste domande fu un sonoro *No!*

Decisi perciò di considerare meglio il percorso di studi a cui iscrivermi prima di proseguire con il Master a Londra.

***

Rientrare a Londra ad Agosto voleva dire che l'estate per me era finita.

Cercavo sempre di godermi l'ultimo tuffo prima di ripartire: aprivo gli occhi sott'acqua, scrutavo il fondale, osservavo i miei capelli muoversi come alghe nel mare e cercavo di trattenere il respiro più che potevo, così da rallentare il mio ritorno a galla e alla realtà. Voltai le spalle alla spiaggia, al sole splendente, agli ombrelloni svolazzanti, al chiacchierio della gente, al rumore dei passi sulla pedana di legno del lido che frequentavo da sempre e alla spensieratezza di quel momento per tornare a quella che era diventata la mia vita, in quella nazione del Nord Europa che tutto mi sembrava tranne che un'isola. Per la prima volta dopo tre anni avvertii una sensazione di tristezza mentre stavo seduta in aereoporto in attesa del mio imbarco.

Il mare, il sole e la semplicità della mia terra cominciavano a mancarmi ma non potevo permettermi distrazioni o lasciarmi condizionare dalla nostalgia; la voce del generale che mi abitava dentro mi richiamò all'ordine: dovevo tornare a Londra, studiare e ottenere un buon lavoro. Solo così sarei stata realmente felice.

Quando ho realizzato che non ero più una studentessa, ma una neo-laureata che lavorava come cameriera a Londra, mi sono arrabbiata: non era per questo che avevo studiato, ma ero ancora troppo impaziente per capire che la vita è fatta di fasi e ricca di tappe da affrontare, anche se non sempre ci va, perché sono necessarie per formarci e distinguere quello che ci piace da quello che non ci piace. L'incapacità di gestire con più leggerezza quel momento di transizione della mia vita mi gettava in uno stato d'ansia costante, e non facevo altro che aumentare la velocità della mia corsa verso il prossimo obiettivo individuato. In questo caso il più imminente era quello di abbandonare il settore della ristorazione; metterlo in pratica, però, non era semplice. Avevo un titolo di studio italiano, conseguito presso un'università come tante altre, ma dovevo competere in un mercato internazionale, con gente madrelingua proveniente da tutto il mondo e che magari aveva studiato in qualche università prestigiosa.

Sapevo che sarebbe stato difficile, ma non avevo nessuna intenzione di mollare; a volte lo sconforto aveva la meglio, ma poi reagivo e tornavo a spingere il piede sull'acceleratore, più forte di prima.

Cambiare settore mi avrebbe dato anche la possibilità di guadagnare più soldi, dato che stavo ancora cercando di racimolare la somma necessaria per iniziare il Master; dovevo inoltre superare l'IELTS, l'esame necessario per poter accedere all'università in Inghilterra.

Mentre la ricerca proseguiva, iniziai a lavorare occasionalmente come hostess per delle conferenze e per un'agenzia di catering che serviva eventi in location come il *Wembley Stadium, Twickenham Stadium, Curchill Museum, Royal Academy of Engineering* e diversi hotel lussuosi; mi ritrovavo così a lavorare ogni settimana con gente diversa in posti incredibili. Un giorno mi chiamarono per dei turni al Ritz Hotel[29], un maestoso edificio neoclassico affacciato sul Green Park di Londra. Prima avrei però dovuto seguire un corso sul *Silver Service*[30], per il quale serve una grande forza, dato che bisogna tenere i piatti di portata sull'avambraccio sinistro, prendere il cibo con le clips e servirlo al cliente dal lato destro. A rendere le cose ancora più difficili, il peso dell'argenteria: tutto quel che avrei dovuto reggere - vassoi, piatti, posate - era in argento massiccio.

Ore 15:45: il turno stava per iniziare. Mi guardavo allo specchio e, con gli ultimi fermacapelli tra le mani, cercavo di rendere perfetto il mio *chignon*. Tutte portavano i capelli alti, gli uomini invece non

[29]Lussuoso hotel di fama mondiale.

[30] Servizio all'inglese.

dovevano avere un filo di barba; indossavamo guanti bianchi e una giacca blu con dei bottoni rotondi color giallo oro. Quando dalla porta di servizio mi affacciai nella grande sala d'ingresso, rimasi colpita da tutto quello sfarzo; l'ultima volta che ero stata in luogo così elegante era, forse, quando avevo visitato il castello reale a Madrid o la Reggia di Versailles. Le donne si muovevano con passo lento ed elegante; indossavano abiti lunghi e gioielli appariscenti, i capelli raccolti con dei fermagli luccicanti. Tutti parlavano in modo composto, senza gesticolare, ed io mi sentivo un po' come cenerentola, senza però nessuna scarpetta di cristallo e col principe azzurro a casa.

Quella stanza era un inno al lusso, alla ricchezza e alla vita agiata, ma io non ero mai stata una gran fan dei ricchi. Avevo l'impressione che le persone con una vita così facile fossero troppo lontane da me e dal mio vissuto. Quasi tutta la gente benestante che avevo conosciuto, godeva di un benessere costruito da qualcun altro e di conseguenza ereditato e quindi non ci trovavo nulla di interessante. Cosa c'era da apprezzare in qualcuno che nella fortuna ci era nato e non aveva mai fatto nulla per guadagnarsela?

Avevo sempre pensato che chi nasce nella ricchezza faccia più fatica ad a apprezzare ciò che ha, almeno a livello materiale, perché solo il sacrificio può insegnare il valore delle cose e solo così impariamo a dare valore al denaro. Quando invece si è abituati ad avere senza chiedere, la conseguenza è che si spende in modo direttamente proporzionale alla rapidità con cui si riceve. Crescendo avevo acquisito la chiara consapevolezza che nulla mi sarebbe piovuto dal cielo e che, se volevo qualcosa dalla vita, dovevo darmi da fare e andare a prenderla senza usufruire di scorciatoie. Non m'interessava quanto poteva essere lunga la strada, volevo percorrerla e arrivare alla fine, guardarmi indietro e sentire che avevo raggiunto il traguardo. Proprio per questo, sono sempre state per me grande fonte d'ispirazione tutte quelle persone che si son fatte da sé, quelle che hanno successo perché lo sanno conquistare, che comprano perché sanno come risparmiare e che sanno dare valore al denaro senza sperperarlo.

Il servizio iniziò; tenevo in alto con la mano destra un grande vassoio d'argento pieno di tartine, attraversavo la sala porgendo le canapè agli invitati, che intanto chiacchieravano e sorseggiavano distrattamente champagne. Mi sentivo più bassa del solito e circondata da donne giraffa. Quando i grandi piatti si svuotavano tornavo di corsa a prenderne altri e tra le scale mangiavo sempre le ultime canapè rimaste. Quello era uno dei momenti più belli.

A volte mi sentivo come un'ombra che serviva cibo, e anche in quell'occasione pensai che solo un lavoro diverso mi avrebbe liberata da quell'immagine che avevo di me. Forse, un giorno, anche io avrei potuto sorseggiare champagne e parlare di cose che sembravano intelligenti; forse solo così la gente avrebbe preso a guardarmi negli occhi e a chiedersi chi fossi. Sembrava invece che tutti si fermassero a quella divisa, che non ci fosse nulla, là dietro, da scoprire o da capire. Ero fermamente convinta che, liberandomi di quella divisa e di quel ruolo, mi sarei liberata anche di quella sensazione. Le emozioni, però, hanno sempre a che fare con l'interiorità e non c'è vestito che possa raccontarci, se non l'idea che noi stessi abbiamo di noi. Senza saperlo stavo commettendo un grande errore: valutavo me stessa attraverso l'interpretazione che affidavo allo sguardo altrui.

***

Dopo circa un mese e mezzo di curriculum spediti alle aziende e pesanti vassoi d'argento, venni convocata dai più grandi e lussuosi magazzini di Londra, *Harrods'*.

«Oltre alla posizione per cui ha inoltrato la sua candidatura, stiamo cercando un'altra figura per un incarico nei nostri uffici, nel team responsabile per l'assistenza al cliente; potrebbe interessarle?»

Non credevo alle mie orecchie, stava accadendo davvero: finalmente qualcuno mi proponeva un lavoro d'ufficio.

«Certo! Sì, sono interessata.» Risposi con fermezza.

«Perfetto. Mi piacerebbe invitarla ad un colloquio per entrambe le posizioni, le inoltro una email entro l'ora di pranzo. È stato un piacere, la saluto e le auguro una buona giornata».

Ero al settimo cielo:, finalmente raccoglievo qualche frutto dopo tutti i miei sacrifici.

Superai entrambi i colloqui e scelsi il lavoro d'ufficio, quello che stavo rincorrendo da tempo.

Finalmente potevo indossare vestiti e non grembiuli, non dovevo più lavare i pavimenti e mettere tazze, bicchieri e piatti a posto, ma soprattutto avevo ottenuto quello che volevo: uscire dalla ristorazione. Questo, almeno, era il primo passo.

I primi tempi furono entusiasmanti: avevo tanti nuovi colleghi tra cui molti inglesi, cosa che non mi era mai capitata prima; sentivo di trovarmi in un ambiente lavorativo molto più stimolante e appagante, in cui potevo finalmente imparare qualcosa di nuovo.

Ovviamente quella sensazione durò giusto qualche mese, l'esperienza da *Harrods'* non fece altro che accrescere in me la voglia di continuare a studiare. Il lusso e la moda non mi erano mai interessati, tanto meno le lamentele dei ricchi che comprano cose da ricchi a prezzi esorbitanti. Ogni volta che leggevo il totale del conto pensavo: "Che spreco! Quei soldi li spenderei solo per dei biglietti aerei".

Stare seduta dietro a una scrivania sembrava comodo, ma a me non bastava, volevo di più. Continuavo a studiare per superare l'esame che mi avrebbe dato la possibilità di accedere all'università e usavo il resto del tempo per riflettere sul corso di studio a cui iscrivermi. Trovare la risposta non fu difficile.

Una delle cose che sin da bambina mi hanno sempre fatto arrabbiare sono le ingiustizie; in primis l'ineguale distribuzione di ricchezza nel mondo. La globalizzazione e il sistema economico attuale hanno accentuato questa differenza nel tempo, ed essa oggi si traduce in una forma di ingiustizia sociale e ambientale.

Crescendo sono diventata sempre più sensibile alle vittime di questo sistema: i calpestati, i sottopagati, gli sfruttati di paesi in cui è più facile aggirare le regole.

Le campagne marketing e la pubblicità ci invitano a comprare e consumare senza che mai nessuno si chieda cosa accade una volta che buttiamo via ciò che compriamo. Mi chiedevo: abbiamo davvero bisogno di tutto quello che acquistiamo? Come possiamo essere certi che ciò che produciamo non stia distruggendo il nostro pianeta? Preferiamo davvero avere di più, pur di non morire con meno?

Il ritmo secondo cui produciamo, consumiamo e buttiamo non è sostenibile e si basa sulla povertà altrui: se tutti gli abitanti del Pianeta mantenessero uno stile di vita come quello degli italiani, ci vorrebbero quasi *3* pianeti per soddisfare il fabbisogno di tutti.

Se continueremo così, un giorno, forse, a guardarci indietro penseremo che ci siamo persi in un bicchier d'acqua, che abbiamo preferito morire con le tasche piene invece di costruire un mondo più equo, equilibrato e sostenibile. Mi pareva che l'ego e l'individualismo di ognuno si fosse riflesso a livello globale, nel potere di chi ci governa e nella passività con cui ci divincoliamo dalla responsabilità di fare qualcosa, che ci porta ad accettare lo stato delle cose senza contestarle; la stessa passività che ci accompagna quando decidiamo di arrenderci a quello che non ci va bene e non ci rende più felici. Abbiamo paura di metterci in discussione, noi e le nostre abitudini; preferiamo resistere a ogni forma di cambiamento.

Studiare a Londra mi avrebbe dato l'opportunità di accedere ad un corso universitario che in Italia non esisteva e specializzarmi in qualcosa di cui ancora si parlava molto poco: decisi di proseguire i miei studi in *Climate Change Management*[31]. Limitare gli effetti del cambiamento climatico, per me, significava lavorare perché un sistema più equo e sostenibile si diffondesse.

Una nuova avventura stava per iniziare.

---

[31] Gestione del cambiamento climatico.

11

Un banco diverso

«Buongiorno! Sono la direttrice del master in *Gestione del cambiamento climatico*; ho deciso di incontrarvi, prima che le lezioni abbiano inizio, dato che siete gli unici studenti che completeranno il corso in un solo anno. I vostri colleghi frequenteranno il master in due anni, scelta che io ritengo più adeguata, data la mole di studio e impegno richiesto. Spero che voi non abbiate un lavoro full-time, altrimenti sarà complicato rispettare le scadenze per le consegne degli *essays*[32]. Completare un Master da 120 crediti in un solo anno è estremamente impegnativo, sarà dunque vostra responsabilità gestire il tempo al meglio, affinché possiate seguire le lezioni e consegnare gli *essays* per ogni modulo nei tempi richiesti. La sfida più grande sarà infine quella di scrivere una tesi da circa quindicimila parole, escludendo note e bibliografia.»

Fece una pausa di qualche secondo e riprese:

«Se sarete capaci di gestire questa pressione ottenendo allo stesso tempo risultati soddisfacenti, sono certa che il futuro vi riserverà grandi possibilità. Studiare non significa soltanto sviluppare e approfondire le proprie conoscenze, ma soprattutto

---

[32]Elaborati scritti, a metà tra il tema e il saggio breve.

imparare a gestire tempi e scadenze, come in una vera realtà lavorativa. Buona fortuna e buon lavoro. Per qualsiasi domanda o informazione non esitate a contattarmi: sono qui per voi.»

La premessa della Direttrice mi aveva un po' spaventata dato che, oltre a dover seguire le lezioni e preparare gli esami in lingua inglese, avevo un lavoro part-time.

Chris, James, Clare ed io eravamo gli unici ad aver scelto l'opzione full-time, ed io ero la sola *expat*[33]. Finalmente mi stavo per sedere tra i banchi di un'università nel cuore di Londra, dopo anni di risparmi e pianificazione; stentavo ancora a crederci. I miei nuovi compagni di corso proposero di cenare insieme fuori per conoscerci meglio, dato che avremmo trascorso un' intero anno insieme e aiutarci tra di noi sarebbe stato fondamentale. Erano solo le sei di pomeriggio e non avevo per niente fame; al Sud solitamente si cena tra le otto e le nove di sera, e io avevo continuato a fare lo stesso anche a Londra. Mi adattai comunque, e con uno *yes, lovely, let's go!* mi unii alla compagnia.

Cenammo in zona Tottenham Court Road, in un ristorante thailandese. Io e James eravamo i più grandi, avevamo venticinque anni, Clare e Chris erano un po' più piccoli. In soli venti minuti di conversazione avevo scoperto che avevano già collezionato numerose esperienze in giro per il

[33] Straniero che vive a Londra.

mondo. Clare aveva viaggiato sola per sei mesi nel sud-est asiatico, e lì aveva ottenuto la certificazione come *scuba diver trainer*[34]; James, invece, aveva lavorato in Vietnam per un'organizzazione che si occupava di mitigare gli effetti del cambiamento climatico, e quindi aveva deciso d'intraprendere il Master per specializzarsi su questo tema; Chris raccontò di alcune sue esperienze di viaggio in Perù e Bolivia, ed io avevo l'impressione di essere seduta a tavola con gente agli antipodi dal mondo da cui provenivo.

Nel luogo in cui sono cresciuta, la maggior parte dei ragazzi aspettava agosto per andare in vacanza a Ibiza o a Mykonos, oppure Dicembre per andare New York perché *farsi le foto con la neve a Central Park è figo e NY è una città molto televisiva.*

Sembrava che, nella mia città, tutti facessero le stesse cose, che ci fosse un'omologazione degli interessi. Non avevo mai conosciuto nessuno che avesse fatto una qualunque esperienza di volontariato o un viaggio in solitaria con un biglietto di sola andata, anzi la cosa era considerata *strana;* nessuno prendeva una pausa tra un lavoro e l'altro, tra la laurea triennale e la specialistica, prima o dopo l'università.

Solo a Londra avevo incontrato tantissimi, italiani e non, che erano partiti alla scoperta di posti nuovi, ma non avevo mai sentito nessun mio concittadino interessarsi a cose del genere.

---

[34] Istruttore di immersioni subacquee.

Avevo conosciuto gente che sceglieva consapevolmente di fermarsi per acquisire una maggiore consapevolezza su cosa studiare o fare della propria vita, e ciò che mi sorprendeva più di tutto era il fatto che dessero per scontato che *pensiamo di conoscerci, ma in realtà non ci conosciamo* e allontanarci dalla nostra comfort-zone per affrontare situazioni nuove ci aiuta a comprendere meglio chi siamo e cosa è davvero importante per noi.

Un'altra cosa che mi stupì parecchio fu il numero di adulti tra i trenta e i quarant'anni che si era iscritta al mio stesso Master per cambiare carriera; ero incredula! In Italia è inconcepibile l'idea di rimettersi gioco per cambiare carriera dopo i quarant'anni.

Londra, così magica e ricca di sfide e contraddizioni, continuava così a stupirmi e ad insegnarmi che ci sono modi di vivere diversi e soltanto a me spettava scegliere il mio.

***

Tornata a casa raccontai tutto ad Antonio; le nostre conversazioni, però, non erano più come prima: qualcosa nel nostro rapporto aveva iniziato a deteriorarsi. Io ero sempre troppo assorta nei mie pensieri e impegnata con il lavoro, gli esami e la convivenza stessa. Avevo solo venticinque anni e mi sembrava di essere cresciuta troppo in fretta.

Negli ultimi sei anni entrambi avevamo lottato con determinazione per raggiungere i nostri obiettivi, incoraggiandoci e supportandoci; talvolta, però, ci caricavamo l'uno dei problemi dell'altro, li affrontavamo con troppo stress e ansia e finivamo per dimenticarci che, in fin dei conti, eravamo ancora dei ragazzi e avevano tutto il diritto di divertirci ed essere più spensierati. Avevamo commesso l'errore di prendere la vita troppo sul serio. Sei anni dopo da quella chiacchierata sulla panchina a Royal Oak, Antonio era riuscito con tanti sacrifici a guadagnarsi un posto in un'azienda informatica, il suo primo passo verso una carriera brillante, di successo e tutta in salita che l'avrebbe portato, negli anni, a ricoprire ruoli di prestigio tra gli alti grattacieli vetrati della city.

Per quel che riguardava me, l'università mi stava caricando di un'energia nuova e finalmente il mio cervello riceveva degli stimoli: gli argomenti di studio erano attuali e trovavo le lezioni molto interessanti. Incontrare gente diversa, sia a lavoro che tra i banchi universitari, accresceva la mia sete di conoscere sempre di più il mondo e me stessa; volevo fare ancora tantissime cose: viaggiare, divertirmi come non avevo mai fatto; sognavo di viaggiare zaino in spalla e il primo paese che avrei voluto visitare era la Thailandia. Volevo viaggiare come mi avevano raccontato, dormendo in ostello e senza pianificare nulla; insomma ero alle solite, avevo iniziato da poco l'università ma con la mente ero già nel futuro e programmavo tutto quello che avrei voluto fare.

Se negli anni io e Antonio avevamo superato tante sfide, questa volta le cose andarono in modo diverso. I sentimenti si affievolirono, gli eventi e i nostri rispettivi impegni ci resero sempre più distanti, seppur sotto lo stesso tetto. Se fino a quel momento avevano percorso la stessa strada a velocità diverse e tenendoci sempre per mano, adesso le cose erano nettamente cambiate e per la prima volta guardavamo in direzioni diverse.

Lui continuava ad essere semplicemente lui, con i suoi piani pragmatici come comprare casa e crearsi una stabilità; io, invece, mi sentivo come un'onda nel mare, e non potevo seguire quella via retta e senza curve che lui mi mostrava orgoglioso. Dentro me c'era troppa confusione su chi fossi e cosa volessi realmente; dopo tanti anni trascorsi al suo fianco sentivo di conoscermi più attraverso i suoi occhi che attraverso i miei, di non aver trascorso abbastanza tempo da sola per capire davvero chi fossi.

Interrompere la relazione con l'uomo che non mi aveva mai abbandonata e mi aveva sempre fatta sentire al sicuro, sostenuta e amata per quella che ero, coi miei pregi e i miei difetti, è stata una tra le decisioni più difficili della mia vita. Non mi sentivo più capace di dargli ciò di cui lui aveva bisogno, di essere la donna che meritava al suo fianco. Non ero pronta per continuare a costruire in grande, sentivo che mi mancava qualcosa che non dipendeva da lui; era un ingranaggio che mancava dentro di me, e dovevo andare a cercarlo. Ai miei occhi lui aveva già trovato tutte le risposte; io, invece, mi sentivo ancora una ragazzina incompleta alla ricerca delle sue. Avevo costruito con lui un grande rapporto di stima e amore, e volevo essere sincera; credo che la verità sia il minimo che dobbiamo a chi ci ama. Quando il dolore passa, il ricordo positivo e di una persona sincera resta con noi, chi invece si abbandona alle bugie finisce per sbiadire nei vaghi ricordi dell'altro.

Antonio mi accompagnò alla porta, mi abbracciò. Con gli occhi lucidi ma sorridenti, mi disse:

«Se un giorno dovessi cambiare idea, io sono qui. La strada, tanto, la conosci. Qui ci sarà sempre posto per te .»

Chi sa amare ha anche il coraggio di lasciarti andare.

Presi le mie cose, mi lasciai alle spalle quella che era stata la mia casa e salutai la persona che in quegli anni era stata tutta la mia famiglia. Da quel momento in poi, per la prima volta da quando ero arrivata a Londra, avrei proseguito il mio cammino da sola.

***

Avevo un lavoro part-time, ma non abbastanza soldi per pagare l'affitto di una stanza singola; si era fatto giugno, decisi così di rientrare in Italia per i mesi estivi, dedicarmi alla scrittura della tesi del master e poi rientrare a Londra a settembre.

Mi sentivo confusa e spaesata, non ero abituata a prendere decisioni senza consultarmi con lui, ma d'ora in poi avrei dovuto fare tutto da sola.

Tornare in Italia mi spaventava. Non trascorrevo un'intera estate lì da quando avevo diciassette anni. Avevo tanti pregiudizi riguardo la mentalità e il modo di vivere nella mia città, ma a consolarmi c'era la prospettiva di non lavorare per tre mesi, non dovermi preoccupare di cosa mettere a tavola né di come pagare l'affitto; dovevo fare sola una cosa: studiare.

Durante le prime settimane mi sentivo come una straniera nella mia stessa città: osservavo la gente interagire in modo diverso, lo sguardo malizioso degli uomini quando per strada indossi una maglietta più scollata o un vestito più corto, il tono di voce alto che si usa per chiacchierare, quel senso di accettazione con cui si ordina la pizza sapendo che arriverà almeno un'ora dopo, le polemiche continue sulle donne il tempo ed il governo che si concludono sempre in una stretta nelle spalle, a lasciar intendere che tanto qui è così.

Nonostante tutto, la gente mi sembrava molto più solare e sorridente e forse anche più umana, tutto andava più lentamente rispetto ai ritmi accelerati della metropoli. Dopo avere trascorso buona parte della giornata a fare ricerche e scrivere, c'era sempre qualche amico con cui bere una birra al mare pagandola solo un euro, indossando una semplice maglietta a maniche corte e degli shorts. Non dovevo pedalare congelandomi il naso o indossare una giacca di pelle il quindici di Luglio per bere una birra pagata almeno cinque euro.

La semplicità di quei momenti e la facilità con cui li potevo organizzare, li rendeva magici. Provavo un pizzico di fastidio nello scoprire la bellezza di quella quotidianità fatta di poco, ma allo stesso tempo di tanto e non volevo ammettere a me stessa quanto mi piacesse.

Mi ritrovai a fissare le lunghe distese di alberi di ulivo, icona della mia terra, e ad incantarmi di fronte al cielo che si colorava di rosa e arancio al tramonto; osservavo con nostalgia la linea più bella che esiste, quella che separa il cielo dal mare e che a Londra non c'era: l'orizzonte. Potevo mangiare tutta la focaccia che volevo pagandola poco e senza dover spiegare se l'avrei consumata *"in"* o *"take away"*, ascoltare il ripetuto tintinnio dei cucchiaini che, toccando i bordi delle tazzine da caffè, creano quel suono inconfondibile che fa da sfondo al chiacchiericcio della gente mentre beve il caffè. Mi sembrava che lì il tempo fosse scandito da un ritmo semplice e leggero, la competizione spietata della metropoli era un nemico lontano.

Potevo correre vicino al mare, andare la notte in spiaggia a guardare le stelle, stare in giro fino alle cinque del mattino indossando gli stessi vestiti con cui ero uscita di casa il pomeriggio senza dovermi preoccupare di portare una giacca per ripararmi dal freddo, che comunque a Londra non sarebbe bastata. Potevo bere all'aria aperta senza che nessuno mi costringesse a stare all'interno di un perimetro delimitato da un nastro, sorseggiare una bibita seduta su uno scoglio vicino al mare; mangiare il gelato anche all'una di notte, perché le gelaterie restavano aperte e a quell'ora c'erano ancora trenta gradi.

Per la prima volta la mia terra mi apparve come non l'avevo mai vista, ma non era lei ad essere cambiata; lo era la mia percezione del bello. Ero dovuta andare lontano e rimanerci a lungo per apprezzarla, prima di quel momento non aveva mai suscitato in me la benché minima emozione. È proprio vero che a volte dobbiamo perdere qualcosa per apprezzarne il valore: solo andando via ero riuscita a capire quanto la semplicità di quei luoghi e di quel vivere, seppur pieno di contraddizioni e limiti, avesse il suo valore. Provai un intenso senso di appartenenza e per la prima volta mi sentii sradicata come un albero delle sue radici, quelle che mi erano sempre appartenute ma che non mi sentivo penzolare sotto i piedi. Come una turista nella mia stessa città, immortalavo nei miei scatti quello che più mi era mancato: il blu del cielo e del mare, lo splendore del sole di una terra che non poteva essere più mia.

In aeroporto, mentre attendevo il volo per rientrare a Londra, piansi e postai su Facebook la foto di un tramonto scattata qualche settimana prima in Salento.

Salutai ancora una volta la mia terra con le parole di Caparezza:

"Oh Puglia, Puglia, Puglia mia, Puglia mia, ti porto sempre nel cuore quando vado via e subito penso che potrei morire senza te, e subito penso che potrei morire anche con te".

Era esattamente così che mi sentivo: una parte di me pensò che poteva essere bello anche rimanere lì, ma quella terra, la mia terra, avrebbe mai potuto darmi quello che cercavo?

L'aereo correva velocissimo sulla pista; prima del decollo guardai fuori dal finestrino, una lacrima mi segnò una guancia.

Ancora una volta stavo lasciando la città in cui ero nata, gli amici, la famiglia e la semplicità di un posto che, come mai prima, mi aveva coccolata in un momento di transizione e rottura con una parte del mio passato. Non avevo la più pallida idea di cosa mi aspettasse dopo il Master ma dovevo andare avanti e raccogliere i frutti dei miei investimenti. Se mai un giorno avessi deciso di lasciare Londra, sarebbe stato solo dopo aver dimostrato, soprattutto a me stessa, di essere all'altezza di quella città.

Solo chi si crea l'opportunità di scegliere è davvero libero.

12

L'opportunità

Vera si era trasferita a Barcellona da qualche tempo. Mi aveva raccontato più volte di sentirsi stanca di Londra ma io non avevo mai dato troppo peso alle sue parole, non volevo credere che un giorno sarebbe andata via davvero.

Erano trascorsi sei anni dai tempi del Waterway ed eravamo diventate grandi amiche. Per me era come una sorella maggiore, sempre pronta a supportarmi e a incoraggiarmi. Come Antonio, anche lei aveva raggiunto il suo obiettivo: dopo aver completato il master in *Performance Teatrale* e aver lavorato per diversi festival in giro per la Gran Bretagna, aveva finalmente ottenuto un ruolo da *festival manager* al National Theatre di Londra[35].

«Sono felice di quello che sono riuscita a realizzare qui, ma credo che il mio tempo sia scaduto. Sono stanca di condividere casa con le coinquiline e so che non potrò mai permettermi una casa tutta mia qui. Magari se avessi un compagno, ma da sola è impossibile e sono stanca di spendere tutti questi soldi in affitto.»

«E dove andrai?» Le chiesi, incredula e triste.

---

[35] Uno dei teatri più prestigiosi del Regno Unito.

«Mi trasferisco per qualche mese a Barcellona, cercherò un lavoro lì e, se le cose non dovessero andar bene, cercherò una soluzione altrove.»

Il suo coraggio mi impressionava e la sua scelta mi destabilizzava. Dopo tutti i sacrifici che aveva affrontato per affermarsi e farsi spazio in una delle città più competitive, popolose e frenetiche d'Europa, adesso sceglieva di voltare pagina, lasciarsi il passato alle spalle e rimettersi in gioco. Avevo sempre pensato che a trent'anni fosse fondamentale aver raggiunto una stabilità economica e professionale, o almeno era quello che speravo per me, che intanto di anni ne avevo ancora ventisei. In quel momento della mia vita non credevo potessero esserci altre forme di stabilità più importanti di quelle esteriori come casa, lavoro e amicizie; ero convinta che in questi tre aspetti si racchiudesse la chiave della felicità di ognuno.

La sola idea che Vera stesse scegliendo di reinventarsi a più di trent'anni mi spaventava. Una parte di me credeva che fosse un po' tardi, come poteva preferire una condizione d'incertezza e precarietà alla sicurezza di un lavoro stabile?

Le nostre convinzioni ci fanno spesso credere che le cose debbano funzionare per forza in un certo modo; è come se la nostra mente proiettasse l'immagine di una vita idealizzata, che è quella che abbiamo scelto per noi; questo è certamente positivo, perché ci aiuta a puntare degli obiettivi e a raggiungerli; ma a volte le cose cambiano sia fuori che dentro di noi, e facciamo una gran fatica ad accettare che quel progetto che avevamo tracciato per noi, o meglio l'idea che avevamo di noi, non combaci più con la realtà di chi siamo diventati e di come ci sentiamo.

Quelli come Vera trovano il coraggio di ammettere con se stessi che le proprie priorità sono cambiate, che forse hanno cambiato idea, prospettiva e percezione, e così fanno qualcosa per invertire rotta; altri, invece, decidono di non ascoltarsi e rimangono ancorati a immagini, idee e convinzioni che non appartengono più nemmeno a loro stessi. Scegliere di imboccare una strada diversa, anche se è più difficile e tortuosa, è la sola soluzione per continuare a vivere a pieno. Ero triste all'idea del suo allontanamento, ma allo stesso tempo emozionata per la sua nuova avventura.

«Se pensi che questa sia la cosa giusta per te, vai! Mi mancherai tanto.»

L'abbracciai e le augurai il meglio. Non sapevo se Barcellona sarebbe stata o no la sua destinazione finale, ma avevo una consapevolezza: ovunque sarebbe andata, avrebbe trovato la sua strada come aveva sempre fatto, spinta dalla sua voglia di mettersi in gioco e di trovare sempre la soluzione migliore. Se, sei anni prima, mi aveva ispirata a proseguire gli studi in Inghilterra dimostrandomi con la sua esperienza che niente è impossibile, sei anni dopo era ancora lei a darmi un grande esempio di coraggio dimostrandomi che non è mai troppo tardi per mettersi in discussione, rivoluzionare la propria vita e trovare la propria strada; non tutti i percorsi sono fatti di linee rette e logiche, alcuni sono ricchi di curve, salite e discese e abbiamo sempre la libertà di scegliere. A volte bisogna girare come delle trottole prima di trovare il proprio posto nel mondo; non perché non sappiamo cercare bene, ma perché non siamo ancora pronti. La vita è fatta di fasi e ciò che cambia più di tutto siamo noi e le nostre priorità; capirlo, riconoscerlo e agire in proposito è un atto di responsabilità, coraggio e amor proprio.

Vera non lasciava Londra con la sicurezza di un altro lavoro che la aspettava, ma con la certezza che quella era la decisione più giusta per lei. Alle normali e umane paure e preoccupazioni riguardo ciò che sarebbe stato si accompagnava la fiducia che, un giorno, tutto avrebbe avuto più senso, e che a volte servono solo un po' di tempo e di pazienza prima che il disegno finale sia visibile ai nostri occhi.

***

Dopo aver vissuto per circa sei anni nella zona Ovest di Londra, avevo scelto di trasferirmi nella parte Est della città; la consideravo la Londra autentica, meno turistica e a tratti più povera, culla della cultura *hipster*[36]. Il quartiere di Hackney sembrava offrire un

[36] Il termine hipster (talvolta tradotto in italiano con espressioni come "giovani anticonformisti", o "alternativi") indica una sottocultura dei giovani bohémien del ceto medio e benestante,

ambiente a tratti più silenzioso e tranquillo; in quella zona piccoli commercianti, artisti, musicisti e artigiani danno sfogo alla loro creatività e al loro talento dando vita a una realtà alternativa e affascinante caratterizzata da *Gig*[37], arte di strada, design, fermento letterario e musicale, party e brunch nel weekend.

Quello stesso anno, oltre a Vera, anche altri amici avevano lasciato la città; alcuni erano rientrati in Italia, altri si erano trasferiti in Australia, altri ancora erano in viaggio o avevano deciso di vivere in altri paesi. Insomma, più il tempo trascorreva e più mi sembrava di vivere in un porto di mare, un luogo in cui si approdava per riempire le proprie reti di opportunità ed esperienze, ma che poi si abbandona per continuare la ricerca di un flusso di corrente propizio.

"Se non vivessi a Londra dove vivresti?"

Ponevo spesso questa domanda, e altrettanto spesso me la sentivo porre. Quasi tutti rispondevano che avrebbero voluto vivere in un posto più caldo e meno frenetico, ma che restavano lì per le possibilità lavorative. Chi ci viveva ormai da anni diceva che non

---

che risiedono per la maggior parte in quartieri emergenti. Gli hipster sono spesso associati alla musica indie e alternativa, e prestano una variegata attenzione nei confronti della moda alternativa e una propensione per la politica pacifista, primitivista ed ecologista, per l'agricoltura biologica e per i cibi slow food, l'artigianato, il veganismo e gli stili di vita alternativi.

[37] Concerti di musica dal vivo.

avrebbe voluto vivere lì per sempre, ma che non sapeva immaginarsi altrove.

Intanto, rientrata in città, avevo cominciato a lavorare in una scuola internazionale di business. Avevo bisogno di un'entrata per pagare il deposito e l'affitto per la stanza nuova, con più calma mi sarei poi dedicata alla ricerca di un lavoro attinente ai miei studi.

Ogni giorno prendevo la metro e impiegavo circa quaranta minuti per raggiungere l'altro lato della città: lavoravo in zona Chelsea, una delle aree più ricche di Londra. Il lavoro non mi dispiaceva per niente: l'ambiente era divertente e amichevole, pieno di ragazzi provenienti da diverse parti del mondo. Avevo un ottimo rapporto con tutti, ma non persi mai di mira il mio obiettivo. Inviavo almeno cinque candidature al giorno, anche fuori Londra: una minore competizione mi avrebbe dato più possibilità; lo avevo visto fare ad Antonio anni prima e decisi di seguire la sua stessa strategia.

«Virginia, sei al telefono?» bisbigliai alla collega che sedeva accanto a me.

«No, dimmi.»

«Ho ricevuto un'email da quell'azienda che ti ho detto, mi hanno invitata per un colloquio. Non ci credo.» Sussurrai a voce bassa, emozionatissima.

«Grande! Hai visto? Con un po' di pazienza, ce la farai.»

«Quest' azienda non è a Londra però, non ho capito bene dove sia, devo fare delle ricerche. Credo comunque di poterci arrivare facilmente con un treno.»

«Quando è il colloquio?»

«Mercoledì.»

«Tienimi aggiornata! Faccio il tifo per te, anche se mi dispiacerebbe vederti andare via.»

Ore sette. La sveglia suonò puntualissima.

Avevo deciso di indossare la solita giacca che mettevo ormai a tutti i colloqui, a quadretti neri e bianchi; era diventata un po' una divisa portafortuna e mi piaceva come mi stava; inoltre il fatto che a Londra esistessero due sole stagioni, l'autunno e l'inverno la rendeva perfetta per qualsiasi occasione.

Dopo mille impieghi provvisori ed anni e anni di studio, era arrivato il momento di prendermi quello che aspettavo. Avevo bisogno di una sola possibilità e, dopo essermi inserita nel meccanismo, avrei potuto cambiare lavoro e azienda ogni volta che volevo; sarebbe dipeso soltanto da me e dal mio talento.

Il tragitto per raggiungere l'ufficio era più lungo di quel che pensavo: dopo circa venticinque minuti in metro dovevo prendere un treno e rimanerci su per altri quaranta minuti, e poi camminare per un quarto d'ora. Ma ciò che mi spaventò più di tutto fu il costo del biglietto del treno: come avrei potuto sostenere quella spesa? Un mese di trasporto, fra treno e metropolitana, mi sarebbe costato quasi quattrocento sterline al mese. Era troppo, ma ormai c'ero quasi e non potevo tirarmi indietro, era la mia occasione. Se mai mi avessero assunta, avrei trovato una soluzione.

Dopo due giorni di attesa il telefono squillò. Lasciai di corsa la mia postazione e mi precipitai fuori dall'ufficio per rispondere.

«Ciao Rossana, sono Katie delle risorse umane; come va?»

Il *come va*, domanda di rito, non mancava mai.

«Bene grazie, ci sono novità?» Risposi ansiosa.

«Sì, ti chiamo proprio per questo. Tu come pensi sia andato il colloquio?». Mi chiese.

«Sinceramente: penso bene, anche se ho qualche dubbio sul test di matematica. Non credo di aver risposto correttamente a tutti i quesiti.»

La matematica non era mai stata il mio forte e quel test non me lo aspettavo; già in passato un'altra organizzazione mi aveva scartata come apprendista perché non avevo superato un test di *Excel*.

Pensai: "Eccoci ci risiamo, ora questi mi faranno fuori per colpa della matematica."

«Prima di chiamarti ero al telefono con Kevin, mi ha parlato molto bene di te: ha detto che gli hai fatto un'ottima impressione e che vorrebbe farti un'offerta. Saresti interessata?»

Rimasi un attimo in silenzio, poi risposi:

«Quindi mi sta dicendo che vuole offrirmi il lavoro?»

«Sì, esattamente.»

Ce l'avevo fatta!

Non importava quanti chilometri avrei dovuto percorrere ogni giorno e quanto mi sarebbe costato andare a lavoro; finalmente qualcuno mi dava l'opportunità di fare qualcosa che davvero mi interessava e che avrebbe messo un punto a quel senso di insoddisfazione che mi portavo dentro.

Iniziavo così la mia nuova carriera in eco-sostenibilità, con il ruolo *Sustainability Assistant.* Dal mio primo lavoro a Londra erano trascorsi sei intensi anni.

13

High Wycombe

La mattina mi sforzavo di dormire fino all'ultimo minuto. La sveglia suonava alle sei e venticinque, e avevo appena venti minuti per prepararmi. Facevo colazione solo una volta arrivata in ufficio, oppure compravo un cornetto e un caffè *take away*. Camminavo circa dieci minuti per raggiungere la metro di *Bethnal Green*, da lì cambiavo due linee prima di arrivare alla stazione di *Marylebone* e prendevo, alle 7:48, il treno per *High Wycombe*, il paese a cinquanta chilometri da Londra in cui si trovava l'azienda per cui lavoravo.

Non so quante volte, nell'arco di due anni e mezzo, mi sono ritrovata a correre affannosamente sulle alte scale mobili che portavano al binario numero 1.

Un giorno, a causa di un ritardo della *Central line,* ero arrivata a *Marylebone* alle 7:45, il che significava che avevo solo tre minuti per raggiungere il treno. Quando sapevo che avevo soltanto pochi minuti a disposizione, mi avvicinavo alla porta della metro che, aprendosi, sarebbe stata più vicina alla scalinata da cui partiva la corsa; se indossavo una giacca, la legavo stretta in vita o la riponevo nello zaino per non perderla; mi legavo anche i capelli, perché correre per quella scala alta circa venticinque metri mi faceva sudare tantissimo. Se correvo velocemente e senza fermarmi, e nel frattempo riuscivo anche a tirare fuori dalla borsa il ticket da timbrare, c'erano buone possibilità che riuscissi a prendere quel treno. Perderlo significava dover attendere il successivo, che mi avrebbe portata a lavoro con più di quaranta minuti di ritardo. Ovviamente, nonostante le corse, ho visto quelle porte chiudermisi davanti più e più volte.

I colleghi erano per la maggior parte inglesi, a parte qualche eccezione come Alicia, una ragazza spagnola che sarebbe diventata presto una delle mie migliori amiche.

L'atmosfera che si respirava in ufficio era molto diversa da Londra: i discorsi, qui, erano molto più provinciali. Compresi, così, quanto la mentalità della gente sia simile da tutte le parti del mondo, man mano che ci si allontana dalle grandi città e si raggiungono zone più periferiche.

Tra qualche mese ci sarebbe stato il referendum per il *Brexit*, si sarebbe deciso se la Gran Bretagna sarebbe rimasta o no in Europa; ascoltavo incuriosita l'opinione di alcuni ragazzi che sedevano in ufficio non lontani da me, anche se ero più che certa che la maggior parte avrebbe votato per rimanere in Europa.

Per me e per molti altri, il Regno Unito - ma in realtà forse solo Londra - era l'esempio per eccellenza di un paese che cresce e prospera grazie alla diversità; o almeno questa era la mia esperienza, e non riuscivo a immaginarlo altrimenti.

Ero seduta in ufficio, circondata da gente del posto, e in quel contesto ero io l'*immigrata* della situazione, come tanta gente nel mio paese. Mentre si chiacchierava di questo, il mio collega Dan affermò che avrebbe votato per *Brexit,* e che secondo lui lo UK sarebbe stato un paese più forte al di fuori dell'Unione Europea; la sua opinione mi colse alla sprovvista.

Non credevo che il *Brexit* fosse una buona idea, non solo perché avrebbe tolto il diritto di libera circolazione ai cittadini europei in UK e viceversa agli inglesi per il resto del continente, ma soprattutto perché non capivo quale potesse essere il vantaggio economico di questo cambiamento. Di quale beneficio reale avrebbe goduto il Regno Unito autoeliminandosi dalle regole del mercato unico? A maggior ragione, dato che si tratta di un paese che importa un'altissima percentuale di beni e servizi e investe in molti paesi dell'Unione Europea.

«Dan, quale credi che sarà il beneficio per la Gran Bretagna nell'uscire dall'Unione Europea?» Gli chiesi incuriosita.

«Credo che *il Regno Unito* possa cavarsela da solo, non ha bisogno dell'Europa. Da soli saremmo più forti.»

Sembrava avesse fatto un salto indietro nel passato e stesse supportando una battaglia di liberazione nazionale e proclamando la grandezza del proprio paese; la realtà era che non sapeva cosa rispondermi.

«OK Dan, ma a parte il tuo grande amore per la nazione, che io stimo perché noi in Italia non ne abbiamo molto, voi qui, per esempio, cosa mangereste senza importare a basso costo? Per quel che ne so, nei supermercati non avete quasi nulla che sia di vostra produzione, a parte carne e patate. Pensi che con il *Brexit* potrete continuare ad acquistare facilmente le vostre ville estive nel Sud della Spagna e della Francia come fate adesso?».

Mi guardò impietrito, forse nemmeno sapeva che la Gran Bretagna importa circa l'80% del proprio cibo.

Così, mentre Trump blaterava della costruzione di un muro che avrebbe "protetto" gli Usa dal Messico e Salvini si batteva perché i migranti non raggiungessero le coste italiane, anche la Gran Bretagna si accingeva ad alzare un muro, seppur astratto, per separarsi da noi Europei.

In questo clima di divisionismo e chiusura io mi sentivo certamente più vicina a un messicano o a un giovane africano, piuttosto che a chiunque vedesse la soluzione nella separazione.

Ero convinta che il *Brexit* non sarebbe mai passato, ma mi sbagliavo. Quel paese, che avevo sempre considerato speciale e che mi aveva fatto apprezzare la bellezza e potenza della diversità, dell'accoglienza e della tolleranza, si rivelò simile a tutti gli altri, e questo mi deluse.

***

Ero entusiasta del nuovo lavoro ma l'alto costo dei mezzi da pagare, sommato all'affitto, mi lasciava tra le mani una cifra ridicola per uscire e concedermi una vita normale. Avevo considerato la possibilità di trasferirmi più vicino, ma l'affitto sarebbe stato ugualmente caro; inoltre preferivo la vita londinese, e non me la sentivo di spostarmi lì: i miei nuovi amici erano a Londra e, nel frattempo, il mio cuore aveva iniziato a battere per qualcuno e non avevo intenzione di allontanarmi da quello che stavo costruendo. Decisi di concedermi un po' di tempo e guadagnare esperienza a sufficienza per poter poi cercare un altro lavoro nella metropoli.

Le cose in azienda andavano molto bene; avevo instaurato un ottimo rapporto con i miei responsabili ed ero entrata con facilità nelle dinamiche aziendali. Lavorare lì mi piaceva e ci sarei rimasta volentieri, ma viaggiare circa tre ore al giorno per guadagnare così poco non mi consentiva di condurre una vita dignitosa, e questo non era ciò a cui ambivo. La mia era stata solo una strategia su cui investire nell'attesa di possibilità migliori. Non sapevo se solo sei mesi d'esperienza sarebbero bastati per trovare un nuovo lavoro, ma il mio piano era quello.

Un giorno, però, successe qualcosa che non avrei mai immaginato. Il telefono della mia postazione/interno squillò, risposi.

«Ciao Rossana, sono Andy Grew. Ti dispiacerebbe raggiungermi nel mio ufficio tra un'ora?»

Andy era uno dei direttori dell'azienda, ci avevo parlato al massimo tre volte.

«Kevin? Mi ha chiamata Andy, mi ha chiesto di andare nel suo ufficio. Devo preoccuparmi?»

Kevin era il mio manager.

«No Rossana, stai tranquilla. Non c'è nulla di cui tu ti debba preoccupare; ci sarò anch'io, vogliamo solo parlarti del *business* e di come intendiamo espandere il team.»

«OK, ci vediamo tra poco.»

Mi sentivo un po' in colpa: loro volevano parlarmi dei piani di sviluppo del business e coinvolgermi nella conversazione ed io intanto stavo pianificando di lasciare l'azienda. Non potevo certo pretendere che mi aumentassero lo stipendio dopo soli cinque mesi di lavoro. Ma ognuno è il business di se stesso ed io dovevo pensare al mio.

L'ufficio di Andy si trovava all'ultimo piano ed era arredato con gusto classico e mobili di legno chiaro. Lui era molto elegante anche nel look e nel modo di parlare, il suo accento era chiaro e comprensibile. Dopo avermi raccontato quanto la compagnia fosse cresciuta negli ultimi anni, Andy mi disse:

«Kevin mi ha parlato molto bene di te e del tuo lavoro; vorremmo affidarti maggiori responsabilità e lavorare insieme a te per sviluppare ulteriormente il team. Tu cosa ne pensi?»

Non mi era ben chiaro dove stesse mirando e che risposta si aspettasse ma decisi di essere sincera: non volevo giurare amore eterno a quell'azienda se già sapevo di non poter mantenere la mia promessa.

«Io sono contentissima della considerazione che state mostrando nei miei confronti e di aver preso parte a questa conversazione; il lavoro mi piace tantissimo e credo che si possano realizzare molte cose per il futuro di quest'azienda, personalmente ho molte idee. Sarei più che felice di continuare a lavorare per voi ma, in tutta onestà, vivo a Londra e arrivare ogni giorno in ufficio mi costa moltissimo. Come ben sai, Andy[38], vivere nella capitale non è per niente economico e quindi, per quanto possa essere entusiasta del lavoro, sarei ipocrita se ti dicessi che questa situazione sarà sostenibile per me nel lungo periodo.»

Lui mi ascoltò attentamente senza interrompermi, poi rispose:

«Sono informato di questa situazione, me ne ha già parlato Kevin ed è proprio per questo che sei stata convocata nel mio ufficio. Crediamo che tu abbia il potenziale giusto e vorremmo che rimanessi a far parte del nostro team. Non vogliamo perderti, ti consideriamo un elemento di grande valore per la nostra azienda, perciò sono qui per comunicarti che

[38] in Inghilterra si chiamano tutti col nome proprio, non si dà del lei e non si usa, come in Italia, chiamare i propri superiori con titoli come dott., Ing, ecc.

sei stata promossa: da oggi in poi le tue spese di trasporto saranno a carico nostro e siamo pronti anche a darti un aumento, affinché tu possa condurre uno stile di vita più consono e soddisfacente rispetto al tuo ruolo, e questo possa darti la serenità e la stabilità necessarie per essere entusiasta e produttiva qui al lavoro.»

Ero esterrefatta. Era appena successo l'impensabile: nell'arco di cinque minuti la mia situazione economica si era ribaltata. Finalmente potevo avere una vita normale. Ero felicissima e soddisfatta: le stesse persone che cinque mesi prima mi avevano dato l'opportunità di dare il via alla mia carriera, adesso mi stavano già dando la possibilità di crescere ulteriormente.

Pensai a tutti i sacrifici che avevo fatto in quei mesi, a chi mi aveva detto che era una follia accettare un lavoro così lontano e che mi avrebbe fatto guadagnare di meno; la mia perseveranza mi stava ripagando. Sentii che finalmente avevo ottenuto quello che volevo.

Coi soldi che risparmiavo potevo viaggiare ancora di più di prima. In due anni e mezzo visitai la Thailandia, Copenaghen, il Marocco, Ibiza, Formentera, Istanbul, il Portogallo, il Messico, il Belize, il Guatemala, Santorini, Ios, Paros e Mykonos, Malta e tanti e altri posti, in più sono tornata molto più spesso nella mia amata Puglia.

La mia vita sociale era intanto diventata più ricca e divertente, ricevevo continuamente inviti per i party e mi divertivo in giro per Londra.

Mi sembrava finalmente di avere l'età che avevo, né di più né di meno, e per un po' smisi di preoccuparmi del futuro.

Tutto stava andando come desideravo, ero piena di voglia di fare, camminavo sicura per le vie della città, soddisfatta e orgogliosa di me stessa. La città ora mi sembrava più bella nonostante il grigiore di sempre. Nel frattempo mi stava accadendo pure un'altra cosa: mi stavo innamorando, e forse tutta quella luce e quelle sensazioni di pienezza e gioia erano dovute anche a quello.

Lavoro, amore, amici: tutto era più in armonia ed io mi impegnavo affinché quell'equilibrio magico non svanisse.

14

La felicità è un momento

Lui mi osservava nel riflesso dello specchio mentre mi passavo il rossetto, poi si avvicinava, mi sfiorava l'orecchio con le labbra e sussurrava *come sei bella;* io abbassavo lo sguardo e sorridevo; poi mi tirava con decisione tra le sue braccia forti e mi accarezzava i capelli, mi riempiva di baci e mi osservava mentre mi scioglievo come ghiaccio al sole. Non c'era abbraccio, oltre i confini di quelle spalle grandi e accoglienti, in cui avrei cercato rifugio; nessun altro sguardo in cui mi sarei smarrita per ore intere. Lo fissavo mentre si muoveva di fretta in giro per la casa, mentre preparava il caffè o il *porridge* la mattina; amavo appoggiare il mio viso sulla sua schiena.

Da qualche tempo, ormai, guardavo di continuo l'orologio, in attesa dell'ora del nostro incontro. Dentro avvertivo una pulsione irrazionale, illogica, intensa, che non sapevo spiegarmi e che mi spingeva verso di lui, le sensazioni che provavo quando eravamo insieme erano così travolgenti che sembravano incontrollabili. Non ci avevo messo tanto a capirlo: mi ero innamorata.

Per la prima volta, quella realtà fatta di poco sembrava farmi stare bene.

Il sole scompariva lento nel mare calmo, colorandolo con il suo riflesso rosso, mentre noi passeggiavamo mano nella mano, a passo lento tra le cupole celesti e le mura spesse e bianche di una delle isole più romantiche al mondo, Santorini.

La temperatura era perfetta e nell'aria c'era un buon profumo; indossavo un vestito nero con un motivo di piccoli fiori colorati e dei semplici sandali bassi.

«Le dispiace scattarci una foto?» Chiesi a un tipo che sembrava un fotografo; lui ci esortò a essere spontanei, ridere e guardarci negli occhi. Immortalò i nostri volti in uno scatto di felicità.

La mia anima era leggera, il vento mi sfiorava i capelli, il tepore del sole mi riscaldava la pelle e dentro mi sentivo felice, totalmente immersa in quel presente fatto di noi.

Mi sentivo in perfetta in sintonia con gli eventi, l'amore che avevo incontrato e i successi professionali che avevo raggiunto. Tutto stava andando a gonfie vele ma avvertivo una strana sensazione: avevo paura che qualcosa all'improvviso cambiasse, che quella felicità prima o poi sarebbe passata o che ne avrei perso il controllo.

Prima di lasciarci andare completamente in una relazione, viviamo quell'attimo di esitazione, in cui ci chiediamo: *"E' davvero lui/lei la persona giusta per me?", "voglio seriamente imbarcarmi in questa nuova avventura?"* Alle nostre domande non segue sempre una risposta, ma la voce dell'istinto; l'unica capace di sentire al di là dei nostri pensieri. In quel suono silenzioso si nascondono tante risposte che non sempre siamo in grado di ascoltare, perché l'intensità delle emozioni che viviamo è così potente che non ci interessa domarle. Se quel momento di esitazione non c'è, forse è perché non abbiamo alcun dubbio e scegliamo di seguire semplicemente il nostro cuore. Tuttavia, tra lo stato d'ebrezza, del *mi sto innamorando di te*, e la consapevolezza di un *ti amo* dovrebbe tracciarsi un sentiero comune, dove cuore e ragione di entrambi s'incontrano faccia a faccia, si prendono per mano e scelgono di intraprendere un cammino parallelo; mettersi in viaggio a mani slegate rischia di vanificare la potenza dell'unione. Un amore che funziona è un amore in cui cuore e ragione sono allineati, solo così può crearsi l'armonia.

***

Erano trascorsi circa due anni e mezzo dall'inizio del nuovo lavoro, e la mia sete di cambiamento si riaccese, avevo voglia di rimettermi in gioco.

Dopo la promozione avevo avuto la possibilità d'imparare moltissimo e di proporre e gestire progetti diversi; la mia voglia di crescere professionalmente e lavorare in una realtà più grande e competitiva aumentava.

Anche se per soli tre giorni a settimana, ero stanca di viaggiare tre ore al giorno per raggiungere l'ufficio, così inviai la mia candidatura a un paio di aziende con sede a Londra.

Con mia grande sorpresa fui subito convocata per un colloquio nella *city*. Scoprii che si trattava di una grande multinazionale per cui lavoravano circa novantamila dipendenti in tutto il mondo. Ricercai il nome della compagnia su Google e trovai numerosi articoli che parlavano dell'organizzazione e della sua partecipazione a progetti di fama mondiale come il *New World Trade Center a New York*, la nuova linea metropolitana londinese, la *Crossrail* e la stazione di *Bank*, il *Mercedez-Benz Stadium* ad Atlanta e molto altro. Ero incredula: davvero un'azienda così prestigiosa era interessata a me?

"Sicuramente non avranno letto bene il CV." Pensavo, ma più rileggevo la *job description*, più sembrava che le skills[39] che stavano cercando non fossero poi così lontane dalle mie.

Rieccomi quindi, a indossare la famosa giacca multi stagione a quadri, pronta per l'ennesimo colloquio. Quel giorno faceva più caldo del solito e il cielo non era grigio. M'incamminai verso la metro: avrei preso la *District Line* o *Hammersmith and City* per uscire ad *Aldgate East* a sole quattro fermate da dove abitavo. Quando mi ritrovai dinanzi a quell'imponente grattacielo vetrato mi sembrò di essere sul set di un film, solo che quel film era la mia vita. Tutto era e lussuoso e nuovo.

---

[39] Competenze.

All'ingresso c'era una grande porta rotante; all'interno fui accolta da quattro eleganti receptionist, truccate impeccabilmente; indossavano delle cuffie con microfono incorporato per rispondere al telefono e sedevano dietro una lunghissima scrivania. Poco più in disparte campeggiavano tre uomini della sicurezza.

«Buongiorno, ho un colloquio alle 16.30 con Eoin Harron.»

«Si può accomodare, qualcuno verrà presto a chiamarla; intanto desidera un caffè?»

«No, grazie.» Sorrisi.

Mi accomodai su uno dei divani rossi che arredavano la grande hall, mi guardai intorno. Al di là della vetrata tutto scorreva rapido come sempre a Londra: le auto, i classici taxi neri, gli alti bus rossi, la gente che andava di qua e di là reggendo un caffè *take away* e i ciclisti che affollano le strade della città.

Distolsi lo sguardo da quella confusione esterna, per specchiarmi un attimo nella fotocamera del cellulare, volevo assicurarmi di non avere nulla fuori posto. Per un istante m'incantai davanti alla mia stessa immagine: ero sempre io, la ragazzina che sette anni prima era arrivata alla stazione di Liverpool Street con una grande valigia, un inglese pessimo e tanta voglia di scoprire, quella che aveva imparato a portare i piatti ai tavoli e a montare la schiuma del cappuccino, che aveva lottato per sedersi tra banchi di un'università lì a Londra.

"E ora eccomi qui."

Ancora una volta, quella città frenetica mi stava dando una grande opportunità.

«È qui per il colloquio con Eoin Harron? Prego, da questa parte: l'ascensore sulla destra la condurrà al sedicesimo piano.»

Quanta fatica avevo fatto per arrivare a godermi quello spettacolo dall'alto? Le sale dei *meeting* erano dotate di un dispositivo elettronico esterno che indicava il nome della persona - in questo caso il mio- che avrebbe occupato la stanza e l'orario d'inizio del meeting. Eoin pigiò sul tasto *start* del dispositivo, chiuse la porta e la mia *interview*[40] ebbe inizio.

Il *body language* italiano è conosciuto in tutto il mondo, ma spesso questo nostro continuo gesticolare viene frainteso; negli anni avevo imparato qualche tecnica per controllarlo, almeno durante i colloqui. Mi sedevo il più vicino possibile al tavolo, tenendo le mani incrociate e basse sulle gambe e le braccia attaccate al tavolo, in modo tale che non ci fosse abbastanza spazio per alzarle e iniziare la danza delle mani.

Dopo due ore intense di colloquio mi sentivo stanca ma soddisfatta. Sapevo che non avrei potuto fare di

---

[40] Colloquio.

meglio e quindi non avevo nulla da rimproverarmi; allo stesso tempo, sapevo che l'azienda ricercava una posizione *Senior* e io non ero certa di poter ricoprire quel ruolo. Lasciai gli eventi al caso senza pensarci troppo.

***

Per le vacanze di Pasqua io, e altri tre amici saremmo partiti per un viaggio *on the road.* Come prima tappa saremmo atterrati a Guatemala City, da lì avevamo venti giorni per attraversare in macchina tre paesi: Guatemala, Belize e la penisola dello Yucatan, in Messico.

Ero felicissima. Quella mattina, mentre ultimavo la preparazione del mio zaino, il telefono squillò; non conoscevo il numero che mi stava chiamando, ma capii subito di cosa si trattava.

Erano loro. Mi stavano offrendo quella posizione *senior* a due passi da casa, nella City di Londra, in un ufficio come quelli che si vedono solo nei film.

E tutto questo accadeva proprio mentre stavo per partire per un viaggio fantastico ed ero follemente innamorata; non potevo chiedere di più alla vita! Tutto era perfetto, anche più bello di come l'avevo sempre immaginato. Non resistetti alla voglia di urlare per la gioia, saltellai per tutta la casa abbracciai la mia amica e coinquilina Alessandra che intanto cercava di capire cosa stesse accadendo.

Mi sentivo potente, forte e in pieno controllo della mia vita; tutto stava andando come avevo sempre desiderato.

15

Krino

Ero convinta di aver fatto bingo con quel lavoro: conoscevo bene i meccanismi della città e, dimostrando di possedere le giuste competenze, avrei potuto continuare la mia scalata.

Il primo giorno di lavoro indossavo un semplice vestito nero e dei sandali che avevo comprato per l'occasione. Scelsi di prendere la metro, ma dall'indomani avrei raggiunto il lavoro in bici. Ero tesa per quel nuovo inizio, ma cercai di non darlo a vedere.

Nell'ufficio vigeva la formula di *hot desking:* nessuno aveva una scrivania fissa, era possibile sedersi ad una postazione diversa ogni giorno. Avrei subito appreso che, tra la gente lì seduta, non c'era nessun collega del mio team, dislocato invece in varie sedi sparse per tutto il Regno Unito. La mia comunicazione con loro sarebbe avvenuta solo attraverso l'utilizzo di piattaforme digitali. La cosa mi lasciò di sasso: durante il colloquio nessuno mi aveva spiegato questo dettaglio. Mi consolai facendo amicizia con i colleghi degli altri dipartimenti.

Il *building*[41] in cui lavoravo aveva grandi pareti esterne a specchio, come quelli dei film che mi facevano sognare una vita di successi. All'interno c'era una grande mensa, tavoli da ping pong e calcio balilla, delle comode poltrone su cui intrattenersi durante le pause; del sedicesimo piano si gustava una vista mozzafiato. Tutto sembrava perfetto, ma mi resi presto conto che sotto quella patina luccicante le cose non stavano proprio così.

Quando guardiamo un film o iniziamo a leggere un nuovo libro, occorre sempre del tempo prima che questo ci coinvolga completamente; ovviamente le tempistiche dipendono da diversi fattori, in primis il nostro gusto personale. Ecco, io mi sentivo esattamente così: in attesa di un *bello,* un *midpoint* che non arrivava mai. Trascorrevo interminabili ore davanti al pc a scrivere e modificare report incredibilmente noiosi e sentivo che il mio lavoro non stava cambiando le cose in meglio, anzi partecipavo alla realizzazione di progetti che spesso nemmeno condividevo. Si alternavano momenti di noia estrema a momenti di forte tensione: tutto doveva essere sempre impeccabile, ma più nella forma che nella sostanza.

Il suono dell'ascensore indicò che ero arrivata all'ottavo piano. Mi diressi verso l'area in cui prendevo posto di solito; l'ufficio era semivuoto, molti erano ancora in vacanza. Intorno alla postazione che avevo scelto sedevano circa sei

---

[41] Palazzo.

persone, di cui tre volti familiari e altri no; molti colleghi provenivano da altri uffici.

«Buongiorno.» Dissi mentre prendevo posto.

C'era così tanto silenzio che le mie parole rimbombarono in quella stanza gigantesca. Su sei persone, solo una alzò lo sguardo mi salutò con un cenno.

Accesi il computer. La mia giornata stava iniziando, sentii lo stomaco ritirarsi in un crampo.

Mi sentivo la rondella di un sistema d'ingranaggi moderno e figo, ma ero pur sempre una rondella. Tutti là in mezzo erano troppo seri e preoccupati di non raggiungere le scadenze o di non essere all'altezza della situazione, non c'era mai tempo per parlare e scherzare un pò. Non potevo essere me stessa, mi sembrava al contrario di recitare una parte che mi riusciva piuttosto male. Ogni tanto blateravo qualcosa tra me e me nel mio amato dialetto e ci ridevo su, ma potevo davvero andare avanti così?

"Magari ho bisogno di un po' di tempo." Mi dicevo pedalando sulla strada del ritorno verso casa. Poche settimane prima urlavo di gioia, e adesso invece le cose non stavano andando come mi aspettavo. Come potevo essermi sbagliata? Un ruolo importante in una società di prestigio era quello che avevo sempre voluto. Perché adesso non ero felice?

Nonostante i numerosi tentativi di farmi piacere la situazione, una parte dentro me si ribellava. Ero arrabbiata e delusa, ma non sapevo con chi prendermela.

“Forse dovrei cercare un altro lavoro” mi dissi. Ma la voce dentro di me rispose: “Sei sicura che è questa la soluzione? È davvero questo il problema?”

Quella voce mi dava tremendamente fastidio. La ignorai e m’impegnai a farmi piacere il nuovo lavoro.

***

Nel frattempo c’erano sempre meno cose che mi convincevano in città: il cielo troppo grigio anche d’estate, gli amici che continuavano ad andar via, i coinquilini che lasciavano costantemente casa e bisognava trovarne altri, gli alti costi e le distanze immense. Se nei primi anni quella girandola di persone, lavori, posti e situazioni mi caricava d’energia e voglia di fare, adesso avevo il mal di mare, tutto quel movimento sembrava ostacolare la stabilità che con fatica cercavo di costruire ormai da qualche anno.

Per sfuggire a questi pensieri ricorrenti continuavo a dirmi che un lavoro appagante avrebbe compensato tutto il resto, che non potevo avere tutto dalla vita: un bel lavoro, la possibilità di viaggiare e al contempo vivere in un posto caldo, magari anche circondata da affetti stabili. Mi ero sempre detta che ognuno di noi ha delle priorità diverse, ed è nostro compito capire quali siano le nostre. Per me erano state sempre e soltanto due: fare carriera e viaggiare. E così ho continuato a lavorare e a viaggiare, mentre dentro me sentivo che qualcosa stava cambiando.

***

Anche Lui aveva un nuovo lavoro, e avevamo deciso di festeggiare trascorrendo un mese in giro tra Grecia, Italia e Malta. Tutto quello stare insieme sembrava averci uniti molto: avevamo parlato moltissimo e ci eravamo svelati a vicenda i nostri lati più fragili. Nonostante ci fossero momenti di discussione e tensione, volevo credere che stessimo ponendo le basi per qualcosa di forte e duraturo.

Al rientro, nonostante i buoni propositi e le promesse d'amore al chiaro di luna, quell'equilibrio delicato iniziò a vacillare e, per quanto cercassimo di ripristinarlo, poco a poco le cose si complicarono.

A volte poniamo tante aspettative in qualcosa perché quello che abbiamo non ci va più bene, o ha smesso di farci sentire bene; l'aspettativa crea l'illusione futura che solo ottenendo determinate cose - beni materiali, sicurezza economica, successo nel lavoro e amore - potremo finalmente essere felici o sentirci meglio. Questa, però, è solo un'idea che non corrisponde ad alcuna certezza. Così, finiamo per cercare fuori quell'equilibrio che prima di tutto dovremmo trovare dentro. Poniamo aspettative negli altri, in noi stessi e in situazioni che spesso sono al di fuori dal nostro controllo e, per vivere meglio, troviamo sollievo in proiezioni future che sono frutto dei nostri desideri, affinché queste possano alleviare il nostro carico di insoddisfazione.

Quando cerchiamo una risposta fuori, anziché dentro di noi, finiamo per rendere , alcuni eventi e rapporti i falsi messaggeri di un'ipotetica strada verso la felicità.

E se perdessimo il lavoro, o se non ci andasse più bene? Se la storia d'amore su cui avevamo investito tutto finisse? Capitoleremmo insieme a quell'illusione?

Se ci siamo completamente identificati con questa, molto probabilmente sì. Solo allora ci renderemmo conto di quanto alto è stato il grado di aspettative riposto in qualcosa che ha rappresentato un periodo importante per noi ma che non è la nostra vita, né la definizione di chi siamo o di chi saremo. Noi siamo molto di più.

Per tanto tempo avevo cercato la risposta al di fuori di me. A quell'irrequietezza, quell'insoddisfazione che mi turbavano ho risposto riempiendomi la vita di obiettivi e traguardi dettati dalla convinzione che solo con un impiego di prestigio sarei stata una donna di valore degna d'amore, stima e rispetto, e che solo attraverso l'amore di qualcuno altro potevo amare me stessa. Avevo puntato tutto su due cose: una storia ancora troppo giovane e un lavoro che nemmeno mi piaceva.

Stavo cercando la stabilità fuori, anziché dentro. E se le avessi perse entrambe, cosa sarebbe successo?

La mia storia d'amore s'indeboliva sempre di più: le discussioni e incomprensioni aumentavano, la comunicazione peggiorava.

Ogni relazione è retta da due individui che hanno dei bisogni; riconoscerli non significa essere egoisti o pretenziosi, ma semplicemente prendere atto di quello che ci occorre per vivere bene in coppia. Non sempre è facile, però, incontrare persone che possono e vogliono comprendere questi bisogni, nonostante siano chiaramente espressi. Dunque seguono due possibilità: se i nostri bisogni vengono trascurati al punto da trasformarsi in mancanze è meglio lasciar perdere, potremmo risultare forse egoisti agli occhi dell'altro ma la prima persona a cui dobbiamo rendere conto siamo noi; oppure possiamo accettare l'altro per ciò che riesce a darci e correre così il rischio di una vita insoddisfatta e piena di frustrazioni, a meno che l'altro non sia in grado di sorprenderci.

Inizialmente avevo scelto la seconda opzione, ma soffrivo di troppe mancanze e quindi, invece di lasciare andare, ho scelto la terza strada, quella che più mi si addice: lottare. Una cosa che avevo sempre fatto, quella che forse sapevo fare meglio. In me restava accesa una scintilla di speranza: le cose potevano cambiare, lui poteva capirmi, potevamo ancora darci molto. La scarsa sensibilità, presenza e premura che avvertivo, però, mi facevano sentire sola nonostante fossi in coppia e, per quanto cercassi di spiegarmi, le parole andavano perse nel vento. Ferita da certi comportamenti che consideravo superficiali e lontani dal mio concetto d'amore, ferivo la mia controparte. Ormai ogni discussione, ogni confronto ci allontanavano anziché unirci. Nonostante i miei sforzi, rimanevo delusa dai suoi atteggiamenti abituali, allora provavo a troncare la relazione ma non riuscivo a trovare la forza per mantenere la mia posizione e reggere quel distacco.

Ogni volta che mi allontanavo da lui avvertivo un senso di vuoto così profondo che smettevo letteralmente di funzionare; l'apatia prendeva il sopravvento e l'unico modo per sfuggire a quel vuoto era tornare indietro. Speravo che le cose potessero cambiare, che lui potesse cambiare, ma la realtà è che le persone non cambiano e noi non siamo nessuno per chieder loro di farlo. Nessun vero cambiamento può essere indotto, solo un'effettiva consapevolezza può portarci ad autodeterminarlo.

Questo meccanismo di avvicinamenti e allontanamenti ha solo logorato e prolungato la nostra sofferenza: entrambi spergiuravamo di amarci e voler stare insieme, ma riuscivamo solo a farci del male.

***

Non potevo crederci e non volevo accettarlo: solo qualche mese prima mi sentivo la donna più felice del mondo, mi sembrava di avere tutto sotto controllo, di aver raggiunto un equilibrio su più fronti, almeno questa era la storia che mi ero raccontata, ma appena qualche tempo dopo le cose si erano capovolte vertiginosamente. L'insoddisfazione che avvertivo a lavoro e nella mia relazione mi allontanava sempre più da me stessa; sentivo la mia vitalità affievolirsi, mentre la rabbia incalzava. Non volevo vivere quel momento di difficoltà e lo rifiutavo, cercavo di ricreare un falso equilibrio sul lavoro, nella relazione e con me stessa perché guardare in faccia la realtà mi faceva troppo male.

Sedevo in ufficio assente, osservavo i volti estranei dei miei colleghi e lo schermo luminoso del pc; ascoltavo il rumore dei tasti rimbombare nel silenzio, un silenzio così assordante che mi disturbava, che non poteva coprire la confusione che sentivo dentro. Il cielo di Londra si fece ancora più grigio, il freddo insopportabile e i saluti agli amici sempre più drammatici.

Quando anche Alessandra, la mia coinquilina, andò via, sentii che quel distacco era più amaro del solito. Cosa mi stava succedendo? Avevo visto così tanta gente entrare ed uscire dalla mia vita negli ultimi anni che credevo di essere diventata immune a quella sensazione, e invece non la sopportavo più. Anche quello stava cambiando: forse non avevo più voglia di vivere in un posto da cui tutti, per un motivo o per un altro, vanno via. Forse adesso non mi stava più bene.

Ho sentito qualcosa rompermisi dentro. Come un bicchiere di vetro che casca per terra e si frantuma in mille minuscoli pezzetti.

Non mi riconoscevo più in me stessa, in quella che avevo creduto di essere. Come se il serbatoio da cui avevo sempre attinto energia stesse iniziando a singhiozzare prima di arrestarsi, come se l'anestetizzante che mi sentivo in corpo per non percepire emozioni negative stesse perdendo effetto.

Ma più avvertivo il malessere e più gli resistevo, meno lo accettavo e più soffrivo. E continuavo a fare quello che meglio sapevo fare: lottare per riprendere il controllo della situazione.

Ci insegnano che la vita è una battaglia e bisogna sempre combattere, ma è davvero così? E se, oltre a questo, ci parlassero della bellezza e della potenza della resa?

Ho sempre pensato che chi si arrende è un perdente, ma la vita mi ha insegnato che la resa è un coraggioso atto di forza, il primo passo per riscoprire la pace, l'anticamera di una rivoluzionaria vittoria.

In quel momento di confusione avevo perso la lucidità per vedere le cose in modo chiaro e l'energia per poter rimettere tutto in ordine.

Sentivo che stavo affrontando un profondo momento di crisi interiore e non capivo che mi stavo aggrappando disperatamente a ciò che avevo per la paura di cadere nel buio, ed io, fin da quando ero piccola, ho sempre avuto paura del buio.

La parola crisi deriva dal verbo greco *krino*, che significa separare, cernere, discernere, giudicare, valutare. In genere attribuiamo a questo termine un connotato negativo; ci fa pensare a un peggioramento della situazione presente. Ma la parola *crisi*, se ci fermiamo un attimo a riflettere, ha anche una sfumatura positiva: un momento di crisi è un momento di riflessione, di valutazione, di separazione da quello che è stato. La crisi è il presupposto necessario per un miglioramento, una crescita personale, a volte per rinascere.

16

Buio

Credo sia naturale, in una coppia che funziona, preoccuparsi della felicità dell'altro senza per questo rinunciare alla propria. L'armonia di due individui separati s'incastra nel meccanismo di un *noi,* e da quel momento si cammina alla stessa velocità e si guarda nella stessa direzione.

Le coppie perfette non esistono, ma esistono coppie che non si arrendono, che utilizzano i momenti più difficili e quelli di crisi come un trampolino di lancio, che rimangono unite dalla voglia di risolvere ciò che non va. È proprio la diseguale voglia di superare le difficoltà che, nella maggior parte dei casi, porta alla rottura.

Può succedere che, quando l'altro è pronto a fare dei passi in avanti, noi siamo ancora preda di un risentimento precedente, e questo ci rende rigidi e distaccati. Il nostro è un atteggiamento di difesa, abbiamo solo bisogno di più tempo per elaborare certi episodi. Questo disallineamento però divide, genera ansia e al contempo nutre la falsa speranza che l'altro possa fare o dire quello che noi ci aspettiamo e che potrebbe farci sentire meglio.

Nonostante le mie aspettative rimanessero continuamente deluse, ero diventata schiava del rapporto e dipendente dalla relazione. Mi battevo con ostinazione perché la storia continuasse, ma ogni tentativo fallito mi faceva sentire peggio.

Sapevo che c'era solo un rimedio: interrompere la relazione. Ma non ero in grado di farlo. Vivevo un duello tra la consapevolezza che la persona che amavo non riusciva a comprendermi e darmi ciò di cui avevo bisogno e i forti sentimenti che provavo. Questo conflitto mi gettava in un profondo stato di sconforto e frustrazione. Più percepivo la mia difficoltà nel gestire la situazione, più mi sentivo incapace e debole.

Le liti erano divenute il nostro collante, i nostri tentativi di comunicazione si trasformavano il più delle volte in conflitti; nonostante questo, non riuscivamo a distaccarci e continuavamo a tornare l'uno dall'altra.

La dipendenza emotiva non è molto diversa dalla tossicodipendenza: la privazione svuota, mentre il contatto ritrovato con l'oggetto della nostra ossessione ci offre un senso di euforia misto alla speranza che quella sensazione possa, questa volta, durare più a lungo. Ma non è mai così. Più cercavo di allontanarmi e più avvertivo un dolore che non avevo nessuna intenzione di affrontare. Appena quella sensazione di vuoto iniziava ad attraversarmi, facevo l'unica cosa che sapevo fare: tornavo indietro.

Allontanarmi da lui era come allontanarmi da me stessa, allora restavo ferma e continuavo a lottare per fare andare meglio le cose, utilizzavo tutte le mie energie ma non bastavano mai e tutto ritornava come prima.

Gridavo, sbraitavo, lottavo, mi sforzavo di essere anche ciò che non ero perché le cose funzionassero ma, così facendo, ogni giorno cedevo pezzi di me stessa, rinunciavo a cose che appartenevano al mio modo di essere perché avevo paura di perderlo.

Dopo una lite seguita da giorni di silenzio, a volte rinunciavo a uscire con gli amici per tenermi libera, nel caso in cui lui fosse venuto a cercarmi. Evitavo le situazioni che avrebbero potuto creare nuovi discussioni. Trascorrevo giornate intere a pensare cosa fare, cosa dire, come agire. Ogni confronto, però, era un inutile ping pong di colpe che ci tiravamo addosso.

Nonostante la storia non funzionasse, continuavo a fare piani immaginandolo al mio fianco. Meno lui si mostrava presente, più mi concentravo su di lui; meno attenzioni ricevevo, più ne volevo. Aggrappata al ricordo dei momenti felici, diventavo sempre più vittima di un passato invadente che non mi permetteva di vivere nel presente e fare i conti con la realtà.

Un giorno, dopo l'ennesima discussione, fu lui a lasciare me con una determinazione che non avevo mai visto prima e a mettere la parola fine, senza tornare indietro come avevo sempre fatto io. Questa volta aveva deciso davvero, la nostra storia era al capolinea.

Non potevo crederci. Non volevo crederci. Qualcosa di totalmente irrazionale, dentro di me, non voleva accettare questa fine, ma non c'era più nulla da fare: l'avevo perso davvero.

La mia più grande paura era diventata realtà.

Quando qualcosa cade e si frantuma, fa un gran rumore. Il dolore, invece, è una bestia silenziosa che nessun altro può sentire. Come quando sogni di voler gridare ma non puoi, la voce è bloccata; eppure, dentro, quell'urlo di paura rimbomba forte e chiaro.

Quell'enorme specchio che rifletteva un'immagine fasulla di me era andato in mille pezzi. Un urlo assordante rimbombava tra le pareti del mio cuore, lasciandomi vuota.

Dovevo arrendermi.

Quando subiamo un abbandono è come se perdessimo una parte di noi; una gamba, una mano, un organo. Un amore che finisce ci fa soffrire ancora di più quando abbiamo commesso l'errore di annullarci nell'altro, quando l'abbiamo reso l'altro il centro della nostra vita e quindi, finita la relazione, perdiamo anche noi stessi.

Ero arrabbiata con me stessa, con lui e con la vita. Pensavo che se avessi dato ascolto a *quella voce* avrei posto fine a quella situazione molto tempo prima.

Non avevo mai provato un tale senso di smarrimento ed ero molto spaventata.

Come avevo fatto a ridurmi in quel modo?

Completamente impigliata in quel dolore fatto di vuoto, buio e lacrime, non sapevo più a cosa aggrapparmi. Priva di forze per pensare e reagire, non mi riconoscevo in quelle vesti così fragili e questo provocava in me ancora più sofferenza. Avevo affrontato mille sfide e difficoltà, raggiunto traguardi e successi; davvero la fine di una relazione insieme all'insoddisfazione per il lavoro poteva essere la causa di tutto questo male?

Quella gabbia di sofferenza m'inghiottiva, quel senso di vuoto mi divorava.

Avevo perso l'appetito, e cucinare richiedeva uno sforzo tale che al sol pensiero rinunciavo. Il silenzio nella mia stanza pesava come una coperta umida, il cielo di Londra si era fatto nero. Col viso inondato di lacrime e la testa piena di quell'assenza mi rotolavo nel letto, strofinavo i piedi sulle lenzuola alla ricerca del sollievo di una carezza. Mi tormentavo con immagini e pensieri, aspettavo il buio della notte per avere tregua ma poi non dormivo e, se ci riuscivo, i brutti sogni non mi lasciavano in pace; mi svegliavo di soprassalto, nell'oscurità della mia stanza, con la speranza che quel dolore appartenesse a un incubo e non quella realtà che si faceva ogni giorno più vera: dovevo andare avanti senza di lui.

Durante il giorno ascoltavo musica e fumavo sigarette guardando fuori dalla finestra: prima o poi quel dolore si sarebbe placato. Invece rimaneva lì, annidato nel bel mezzo del mio petto, intenso e pungente; invadente come una macchia d'inchiostro scuro e denso, aveva messo in ombra tutto il resto.

In quegli anni, forse, avevo imparato bene l'inglese e ormai sapevo come cavarmela tra un lavoro e l'altro, ma non ero riuscita ad apprendere la cosa più importante del mondo: amare me stessa, pensavo. Ero arrabbiata con tutto: io, che avevo sempre avuto il controllo su tutti gli aspetti della mia vita, adesso l'avevo perso. Tutte le mie conquiste erano un lontano ricordo.

Uscivo con amici e colleghi, ma spesso mi isolavo e mi riusciva difficile rimanere presente. I pensieri e le emozioni avevano completamente preso il sopravvento su me, ero confusa e triste.

Osservavo la gente, in ufficio, chiacchierare durante la pausa pranzo; gli amici fare le solite battute: tutto scorreva come se non fosse successo niente, ma dentro di me qualcosa si sgretolava e perdeva pezzi mentre il mondo tutto intorno mi chiedeva di recitare. Così scappavo: dalle serate con gli amici, dal lavoro, dai caffè. Non c'era posto in cui mi sentissi a mio agio a parte il silenzio della mia stanza o la quiete di qualche parco londinese in cui non potevo incrociare nessuno che conoscessi e potevo piangere lontana dagli altri, fino a quando non avevo più lacrime.

Non riuscivo ad accettare il mio modo di sentire e reagire. Mi sentivo sbagliata perché stavo soffrendo troppo.

Avrei voluto essere più razionale, meno sensibile, più superficiale, meno emotiva, più leggera, più di questo e meno di quell'altro. Comunque, non andava bene com'ero.

In quel labirinto fatto di nero, sentii che l'unica cosa che potevo fare era arrendermi al dolore, smettere di combatterlo; smettere di andare avanti come il sistema richiedeva. Avevo bisogno di essere me stessa e fermarmi a guardare in faccia quel vuoto ed ascoltarlo, invece di provare a cacciarlo via. Era arrivato il momento di accettare la realtà, affrontare quel mucchio di emozioni negative e trasformare il dolore in un messaggio da accogliere, solo così avrei potuto ricominciare la risalita. Mi sono alzata in piedi in quel tunnel buio con una torcia in mano, ho iniziato a muovere i primi passi nell'oscurità. Sapevo che sarebbe stato un lungo cammino, ma ormai la strada che avevo cercato di scansare con tutte le mie forze era lì e non c'erano vie alternative.

A volte la cosa più saggia da fare è *stare* con quel che sentiamo.

***

Non esiste una motivazione unica e definitiva per cui c'innamoriamo con ostinazione di persone sfuggenti o emotivamente indisponibili, ma una delle spiegazioni che mi sono data è che, nel tentativo di farci amare da uomini che dicono di amarci ma fanno davvero poco per dimostrarcelo, stiamo combattendo una battaglia per la nostra autostima, una guerra che non vogliamo perdere.

Le donne che sono cresciute con figure paterne distanti, che non le hanno valorizzate, amate e protette, soffrono di scarsa autostima, nonostante siano brave a mascherarlo e appaiano spesso aggressive e scontrose. Invece di essere attratte da partner presenti e affettuosi, tendiamo a lasciarci coinvolgere da uomini più freddi e meno accomodanti, simili al nostro primo oggetto d'amore. Nel cercare di ottenere l'amore di un uomo egoista e che forse non ci ama poi così tanto, cerchiamo di vincere la battaglia che abbiamo perso durante gli anni della nostra crescita: quella di farci amare da un padre che ci ha fatte sentire sole.

La sofferenza che stavo vivendo cercava d'insegnarmi qualcosa: la prima persona da amare sono io, che l'amore vero scorre su due rette parallele che convergono verso un progetto condiviso, verso la crescita del proprio sé e non all'annullamento per l'altro.

Il mio amore mi aveva portata nel buio, per amare troppo avevo perso me stessa e adesso dovevo fare un gran lavoro: non solo avevo il cuore in mille pezzi, ma anche una grande confusione su cosa volevo davvero dalla mia vita. Tutte le mie scelte bollivano ormai nel pentolone dell'incertezza. Se, fino al quel momento mi ero fatta andare bene tante cose che non avevo avuto il coraggio di mettere in discussione, adesso era arrivato il momento di cambiare.

Cambiare non è un processo automatico, dettato dagli eventi o da scelte prese a cuor leggero. *Cambiare* significa *rivoluzionare*, trasformare e trasformarsi, lasciare il certo per l'incerto, intraprendere percorsi che potrebbero sembrare illogici, farsi domande scomode che per molto tempo non avranno risposte, avere il coraggio di reiventarsi, buttarsi a capofitto senza paura.

Avevo bisogno di un tempo e di un luogo che potessero essere metafora del cammino interiore che volevo intraprendere, quello che, attraverso il dolore, mi avrebbe condotta verso me. Decisi così di fare una cosa che rimandavo ormai da tempo e viaggiare alla volta di un posto in cui potevo essere davvero me stessa, senza recitare.

Interludio

In cammino

L'aereo sarebbe partito nel pomeriggio e io non avevo ancora preparato lo zaino.

Mi sentivo triste e confusa ma non potevo più starmene immobile lì sul letto, dovevo reagire. Avevo scelto una destinazione che potesse metaforicamente aiutarmi ad attraversare quel momento e donarmi il silenzio e lo spazio per ascoltarmi profondamente. Così, con un piccolo zaino contenente lo stretto necessario, salii su un volo Ryanair diretto a Santiago De Compostela.

Prendere quell'aereo è stato il mio modo per osservare la mia vita da lontano, da un'altra prospettiva. Volevo percorrere altre strade, parlare con gente diversa e prendere le distanze da quella routine che, in quel momento di fragilità estrema, mi chiedeva di funzionare a un ritmo diverso dal mio. Non avevo moltissimo tempo, così decisi di percorrere solo gli ultimi 120km, quelli che da Sarria portano a Santiago.

«Vorrei un biglietto per Sarria»

«Non ci sono treni diretti da Santiago a Sarria, devi prendere prima un treno per Coruña, da lì poi uno per Sarria.»

«Quanto tempo devo aspettare a Coruña per il treno successivo?»

«Circa due ore e quaranta.»

«OK, va bene, allora prendo il prossimo treno per Coruña, gracias.»

Dopo qualche ora di viaggio il treno si fermò alla Coruña. L'aria era fresca e ventilata, il cielo scuro; ormai era buio.

«Mi saprebbe dire quanto dista il mare da qui?»

Chiesi a un passante che aveva tutta l'aria di essere del posto. Non volevo aspettare più di due ore nella stazione di Coruña.

«Circa venticinque minuti a piedi, puoi prendere un bus lì di fronte; è molto comodo: c'è sia il numero sei sia il numero otto, entrambi portano nella stessa direzione.»

«Grazie mille, preferisco camminare.»

Mi è sempre piaciuto camminare, e allenarmi un po' per i giorni a seguire non mi avrebbe fatto di certo male. Avevo comprato un panino con il pollo, dell'insalata e una birra in un piccolo bar all'angolo, attraversai la strada, e mi misi a sedere su una panchina.

Durante i mesi estivi trascorsi in Italia avevo scoperto di amare follemente le panchine di fronte al mare; da lì, apprezzavo la bellezza delle cose semplici: il suono delle onde del mare, un tramonto, una passeggiata sul bagnasciuga.

"Eccomi qui, seduta su questa panchina al Nord della Spagna. Una settimana fa non avrei mai creduto di poterci essere, e invece…" Dissi tra me e me.

La spiaggia era deserta, il cielo scuro e coperto da grandi nuvoloni neri che promettevano pioggia; il mare si agitava rumoroso, le onde alte s'infrangevano sulla riva e si ritiravano, lasciandosi dietro arabeschi di densa schiuma bianca. Era come se quel paesaggio riflettesse il mio stato d'animo. Le lacrime mi accarezzavano il viso; mi sentivo sola e alla deriva come una barchetta tra le onde. Avrei voluto che qualcuno mi sbucasse d'improvviso alle spalle per abbracciarmi e dirmi:

"Non ti preoccupare, ce la farai. Sei bella anche quando piangi. Non avere paura. Non ti vergognare per come ti senti. Questa è la tua storia, abbracciala perché parla di te".

Non arrivò nessuno, così cercai *quella voce* dentro di me, perché mi dicesse le stesse cose. Solo una persona, infatti, nei giorni a seguire si sarebbe potuta prendere cura di me, ed ero io. Non potevo più tornare indietro.

***

Non sapevo molto sul cammino, ma chi l'aveva fatto prima di me mi aveva garantito che era molto facile seguire il percorso grazie alle indicazioni lungo il tragitto, che indicano anche quanti chilometri mancano per raggiungere la località successiva.

Mi svegliai alle sette, prima che la sveglia suonasse. La nottata non era andata molto bene: avevo dormito poco e male, come ormai accadeva da un po'. Un nuovo giorno stava per iniziare ed io non avevo la più pallida idea di cosa mi aspettasse, e forse quella era la vera ragione per cui mi trovavo lì: dovevo imparare a fidarmi degli eventi, di quello che la giornata poteva offrirmi e smettere di controllare sempre tutto; accettare e vivere quello che è senza pensare a quello che non c'è.

Dopo una doccia veloce e una sistemata allo zaino, lasciai l'ostello e mi fermai a fare colazione. Le strade erano vuote, l'umidità nell'aria bagnava i vetri delle auto parcheggiate. Sentii un brivido lungo la schiena, tirai una felpa fuori dallo zaino.

Al bar stavano seduti quattro uomini che commentavano, in spagnolo, le notizie trasmesse dalla TV. Chiesi una *tostada con tomate*[42] e un cappuccino. Bevvi anche un succo d'arancia.

Negli ultimi mesi avevo perso l'appetito, di conseguenza parecchio peso, e dopo quell' abbondante colazione mi sentii subito sazia e pronta per iniziare. L'ultima volta che avevo fatto una colazione così abbondante era stato in Andalusia, con lui; il ricordo tornò subito a bussare alla mia mente. Era solo l'inizio di quel lunghissimo periodo che

---

[42] Pane tostato con polpa di pomodoro, olio e sale, tipica colazione spagnola.

sembra non finire mai, in cui tutto ti riporta indietro e ogni ricordo è un boomerang di nostalgia del passato.

«Mi sa dire in che direzione devo andare per il cammino?» Chiesi al barista.

«Uscita di qui svolta a destra, da lì vedrai le indicazioni. Buon cammino!»

«Grazie.»

L'obiettivo di quel giorno era raggiungere un paese chiamato Portomarin, a 25km di distanza da Sarria, il mio punto di partenza.

Ore sette e cinquanta, il cammino aveva inizio.

Erano i primi giorni d'autunno, il vento era fresco, pioveva ed io, per fortuna, avevo con me un k-way.

Durante le prime ore non incontrai molta gente. Camminavo senza preoccuparmi del tempo, non avevo idea di quanto avrei impiegato a percorrere venticinque chilometri a piedi; per avere un senso della distanza, cercai su Google Maps la distanza tra Bari e Mola, ma erano di meno di venticinque. Allora cercai la città successiva, Cozze. Ecco: quel giorno dovevo percorrere esattamente la distanza che c'è tra Bari e Cozze, ma a piedi.

Il paesaggio era semplice, di una bellezza che non colpiva ma si faceva notare. Credo che sia proprio questo a rendere il cammino così unico: se il paesaggio fosse troppo bello, i pellegrini si lascerebbero distrarre dalla sua meraviglia perdendo di vista il vero obiettivo del cammino: guardarsi dentro.

Ci si mette in cammino per ascoltarsi, imparare ad apprezzare il silenzio e iniziare un dialogo con se stessi a livello più profondo e senza distrazione alcuna oltre al camminare.

***

Quando pensieri, ansie e preoccupazioni hanno il sopravvento su di noi, è come se smettessimo di essere dove siamo e ci dimenticassimo di essere vivi grazie al funzionamento dei nostri organi vitali, cosa che diamo spesso per scontata. Ma, prima di tutto, noi siamo un corpo che respira e che si esprime grazie alla vitalità che lo abita. Riprendere il contatto con noi stessi e con il nostro corpo è essenziale.

Dopo tutti quei giorni trascorsi chiusa in casa tra letto e divano, bagno e cucina, mi sentivo come un fiore secco e indifferente anche ai raggi del sole. Camminare è stato un modo per riattivare il mio corpo, rimettermi in contatto con il mio respiro. La fatica fisica mi avrebbe reso più stanca e la stanchezza mi avrebbe aiutata a dormire meglio; camminare mi avrebbe fatto tornare l'appetito. Sentire il mio corpo era il primo passo per ricongiungermi con me stessa. Tutti parlano di quanto sia importante fare sport e lo è più per la nostra mente che per il nostro corpo.

Attraverso la fatica dello zaino che portavo in spalla avrei individuato la nuova direzione dei miei passi. Il suo peso rappresentava la mia storia: i valorosi successi, i meravigliosi fallimenti, le rinunce, gli incontri, la mia infanzia, il rapporto coi miei genitori, le amicizie finite e quelle che durano ancora, gli amori sofferti e duraturi; tutte le persone entrate nella mia vita, chi a passo felpato era uscito via di scena senza quasi che me ne accorgessi e chi invece l'aveva fatto con gran rumore.

I primi giorni sono stati molto difficili. Stare in silenzio nella solitudine dei miei pensieri, ricordi e preoccupazioni è stata una prova durissima. Percorrevo chilometri interi per poi fermarmi a piangere perdendomi con lo sguardo in paesaggi mai visti; ad ogni passo in salita sentivo la fatica nei muscoli delle gambe e il dolore nei piedi, il sudore mi appiccicava la maglietta addosso mentre *quella voce* dentro di me bisbigliava:

"Se ce la fai con il corpo, ce la puoi fare con la mente. Continua ad andare avanti, non ti voltare indietro; lascia andare i passi percorsi e continua a camminare."

Camminavo con uno zaino colmo di rabbia, tristezza, nostalgia, confusione, ricordi, solitudine, ma solo là in mezzo potevo ritrovare me stessa oltre tutto quello smarrimento.

Il penultimo giorno di cammino ho incontrato un angelo.

Ero molto affaticata, i piedi mi facevano davvero male: si erano formate delle vesciche sotto entrambi i mignoli. C'era un piccolo bar all'angolo della strada ma non c'erano tavoli a sedere all'esterno, così avevo deciso di proseguire e, solo dopo tre kilometri di cammino, avevo controllato da un'applicazione sul cellulare e mi ero accorta che avrei dovuto camminare altri otto chilometri per incontrarne un altro. Quando finalmente lo raggiunsi, ero stremata. A un piccolo tavolo sedeva un uomo sulla sessantina con tratti latino americani; si chiamava Edoardo e veniva dal Messico, mi disse.

«Posso sedermi qui?» Chiese indicando l'unica sedia disponibile.

«Certo! Come va il cammino?» Mi domandò subito.

«Bene, ma adesso mi fanno davvero male i piedi, soprattutto il destro; ho una vescica che si è rotta ed è gonfio.»

«Anch'io ho avuto un gran male ai piedi, soprattutto nei primi giorni. Sono stato, infatti, fermo per qualche giorno e poi sono ripartito. Guarda: ho questa crema con me, puoi usarla se vuoi; e poi ti consiglio di inserire un piccolo filo di cotone dove hai le vesciche, così che l'acqua possa continuare a uscire anche mentre cammini.»

«Mi stai dicendo che devo bucarmi la bolla con l'ago e far passare il filo di cotone attraverso la pelle dei miei mignoli?» Gli chiesi sbalordita.

«Sì, in pratica si.»

«Vabbè, tanto non penso di poter sentire più dolore di quello che sento ora!"» E mi misi a ridere. Per fortuna l'abitudine di prendermi per il culo da sola non l'avevo persa.

Decisi di seguire il suo consiglio. La mia risposta ironica, però, aveva suscitato in lui curiosità così mi chiese con delicatezza, se mi andava di spiegargli a cosa mi stessi riferendo.

Una tra le cose più belle del *cammino* è che molti lo intraprendono perché hanno voglia di confrontarsi, parlare e conoscere nuova gente. Sapere che con ogni probabilità non rivedremo mai più queste persone ci rende liberi dal loro giudizio, quindi risulta più facile condividere i propri pensieri e stati d'animo con un estraneo.

Io ed Edoardo siamo rimasti seduti lì a parlare per circa due ore. Ho sempre amato ascoltare le storie degli altri, soprattutto di chi è più grande di me e ha più anni da raccontare. Ero affascinata da quell'uomo che, a 65 anni, era salito a bordo di un aereo e aveva attraversato l'oceano intero per arrivare dall'altra parte del mondo e mettersi in cammino. Mi aveva raccontato che anche i suoi due figli, due ragazzi che avevano circa la mia età, lo avevano fatto e mi aveva mostrato orgoglioso le loro foto, un po' come fanno tutti i genitori. Mi mostrò anche una foto di sua moglie, che in poche settimane l'avrebbe raggiunto per proseguire insieme a lui un piccolo tour dell'Europa.

«Ho lavorato un po' in giro per il mondo, ma soprattutto negli Stati Uniti; ero così preso dalla carriera che lavoravo fino a tardi e, quando tornavo a casa, ero troppo stanco. Stanco per vivere la cosa più importante che avessi, la mia famiglia. Hai presente quando ti chiedono qual è il tuo più grande rimpianto? Io posso dire che è stato aver creduto che c'era sempre tempo. Tempo per viaggiare, per amare, per ascoltare, per capire. Invece non è così: l'unico tempo che vivi è il presente e in quel presente tu devi vivere come se non ritornasse mai, perché non lo fa. Poi io e mia moglie, insieme, abbiamo cominciato a meditare, e questo ci ha cambiato la vita. »

Edoardo mi raccontava di lui, delle sue emozioni e sensazioni come se ci conoscessimo da sempre, come se fossi una sua amica. Ed io feci lo stesso.

«Sai, ho un po' paura. Credo di essermi persa, ecco perché sono qui.»

«Sei fortunata, allora: ci sono persone che vivono la loro intera esistenza convinte di non essersi mai perse, invece non hanno mai avuto il coraggio di fermarsi e ascoltarsi davvero, e continuano a vivere tutta la vita nello stesso modo, senza conoscersi mai.»

Sorrisi.

«Non so più se vivo nel posto giusto e se questa è la vita che vorrei. E poi, *my heart is broken*.»

Edoardo mi guardava con tenerezza, ascoltava con attenzione tutto quello che dicevo mentre mi regalava la cosa più preziosa di tutte: il suo tempo. Lo sentivo vicino, sapevo che non mi avrebbe lasciata andare finché non avesse trovato le parole giuste per infondere un briciolo di speranza e coraggio dentro di me.

Gli raccontai brevemente della mia storia e di come mi sentissi. Lui mi ascoltò senza interrompermi mai, poi disse:

«Ora ti faccio una domanda. Tu, però, devi rispondere sinceramente.»

Ero tutta orecchie.

«Un giorno ti piacerebbe essere la metà perfetta dell'arancia di qualcuno?»

«Intendi la mela?» Risposi sorridendo.

«No, l'arancia. Noi in Messico diciamo l'arancia, voi?»

La cosa mi divertiva.

«Non sono sicura della giusta traduzione in inglese, ma in italiano per questa metafora usiamo la mela. » Sorridemmo insieme. Poi lui riprese: «Un giorno ti piacerebbe essere la metà mela perfetta di qualcuno?» Ci pensai un momento.

«Credo di sì, credo che mi piacerebbe.»

«Sei sicura?» Io annuii con la testa per ribadire il mio sì.

Dopo qualche secondo di silenzio Edoardo mi guardò negli occhi e, scandendo bene le parole, mi disse:

«Tu devi essere una mela intera e perfetta, e mai la metà di nessuno. Una mela intera che incontrerà un'altra mela intera; né più grande, né più piccola, né più brava, né meno brava, né più intelligente, né meno intelligente, ma semplicemente un'altra mela perfetta e intera come te. Non sarete due mele che decidono di stare insieme per completarsi, ma per condividere lo stesso cammino.»

E continuò: «Ricorda che le cose non cambiano da sole, ma solo se noi iniziamo a guardarle con occhi diversi, solo allora possono cambiare. Non ti soffermare sul male che senti, guarda oltre. Eri davvero così felice, prima? A volte crediamo che chi ci fa del male, ci stia facendo la cosa peggiore possibile, ma è proprio chi ci abbandona che a volte ci salva: senza saperlo ci restituisce la cosa che, in certi rapporti, perdiamo; la libertà di essere chi veramente siamo. Questa è la tua opportunità di ritornare a essere una mela ancora più intera e perfetta e non un torsolo mangiucchiato. Fai qualcosa di questa libertà, non lasciartela sfuggire. Ascoltati: solo tu hai la risposta dentro di te; vai e cerca la tua mela intera, quella che è dentro di te.»

I miei occhi erano colmi di lacrime.

«Ciao Edoardo, non ti dimenticherò mai. Non so chi ti ha mandato oggi da me, ma grazie.»

«Non mi ha mandato nessuno, sei tu che con la tua forza sei venuta qui. Potevi startene a casa ad aspettare che le risposte arrivassero da sole, invece hai deciso di metterti a camminare. Credi in te stessa, abbia fiducia in te. Consolati e amati come se fossi il tuo migliore amico, è questo il segreto.»

Ci abbracciamo e le nostre strade si divisero.

Il mio cuore sentiva il calore di quelle parole riscaldare le sue pareti gelate. Sentii che Edoardo mi aveva trasmesso parte dell'amore che aveva dentro sé, ed io lo volevo portare con me e volevo fare qualcosa di quel dono.

***

Il cammino non è stata la soluzione, ma il primo passo per capire in che direzione dovevo volgere il mio sguardo. Non è il viaggio in sé a fare l'esperienza, ma chi incontriamo lungo il percorso e cosa scopriamo di noi. Gli abbracci e le parole ricevuti della gente che ho incontrato durante quell'esperienza sono stati il più bel regalo. Grazie a loro, ma soprattutto a me stessa, avevo ritrovato il coraggio e la fiducia per continuare il mio cammino di crescita personale, che non sarebbe finito a Santiago.

Questa parentesi segnava la prima rottura con quella che fino a quel momento era stata la mia vita e con quella che avevo sempre creduto di essere. Iniziava un nuovo viaggio, un viaggio nel viaggio; un viaggio verso me.

Seconda parte

In viaggio verso me

17

Solo andata

Per *stabilità,* solitamente, intendiamo un buon lavoro, una casa e degli affetti solidi, ma, perché ci sia questo tipo di *stabilità esteriore,* è necessario che preesista in noi una condizione di *stabilità interiore.* Quando questa manca, il rischio è quello di rimanere incollati a punti di riferimento esteriori: lavoro, amici, partner, casa, ambiente etc., anche quando questi ci rendono infelici. Preferiamo rimanere aggrappati ad essi che avere il coraggio di ascoltarci profondamente e fare ciò che è davvero giusto per noi.

Per tanto tempo mi ero lasciata guidare dal senso del dovere, del sacrificio e della rinuncia, pensavo che queste fossero le chiavi per il successo, eppure qualcosa non aveva funzionato. Dove avevo sbagliato? Forse non avevo sbagliato proprio niente; ero semplicemente cambiata, e con me le mie priorità.

Adesso dovevo cercare tutto il resto in unico luogo, *dentro me.*

Cambiare lavoro, paese o città poteva essere parte della soluzione, ma non era la soluzione. Fino a quel momento ciò che aveva contraddistinto molte delle mie azioni e reazioni era stata una forma di ostinazione ben diversa dalla determinazione: se, infatti, quest'ultima porta al raggiungimento di obiettivi e traguardi positivi, l'ostinazione al contrario, può portarci all'autodistruzione; è il bambino capriccioso che ci abita a parlare per noi, quella parte più fragile e immatura che non vuole lasciarci crescere ed evolvere come individui. Solo acquisendo consapevolezza di alcuni nostri comportamenti possiamo voltare lo sguardo verso orizzonti nuovi; questo implica un cambiamento fuori e dentro di noi. Alla presa di coscienza segue l'assunzione di responsabilità verso la propria vita: scegliere chi vogliamo essere e cosa vogliamo fare diviene una conseguenza inevitabile e necessaria.

Se a livello esteriore avevo imparato che per raggiungere qualcosa dovevo fare dei sacrifici, non avevo invece ancora capito che, a livello interiore, scegliere ciò che è meglio per noi a volte implica dolore e sofferenza, e non per questo bisogna desistere; si tratta solo di una sofferenza passeggera dalla quale non bisogna lasciarsi spaventare.

Nessuna emozione dura per sempre.

Spaventati tante volte, finiamo per non scegliere perché, per assurdo, sembra meno penoso restare in una situazione di cui conosciamo già la portata del malcontento, piuttosto che rischiare di lanciarci in qualcosa di nuovo, d'ignoto. Tra un tuffo in un mare di nuove possibilità e un terreno arido di cui conosciamo i confini, preferiamo restare in quest'ultimo perché, in quel mare, abbiamo paura di annegare.

Potevo rimanere in quella situazione di stallo, con un lavoro ottimo sulla carta e uno stipendio sicuro a fine di mese, continuare a vivere in una città che mi avrebbe offerto ancora altre opportunità, o potevo mettermi nuovamente in gioco e vivere pienamente la mia vita, come in fondo avevo sempre fatto, senza limiti e paure.

Lasciare il certo per l'incerto non è facile, è rischioso e fa paura, non sapere a cosa ci porteranno le nostre decisioni può spiazzarci, ma dentro me sentivo forte e chiaro quella voce che mi diceva: *Vai. Non avere paura, buttati. Qualunque cosa accadrà, ci sarai tu con te!*

La paura limita, il coraggio ci fa crescere e migliorare, e io volevo essere coraggiosa e dare un senso a tutto quel male. Il treno del mio viaggio interiore era già partito ed io non potevo arrestarlo, volevo salire a bordo; sapevo che sarebbe stato un lungo viaggio, ma per la prima volta non avevo fretta di arrivare a destinazione. Avevo deciso d'intraprendere un nuovo cammino partendo dalla cosa più importante che avessi: me stessa. Volevo liberarmi da tutto quello che era stata la mia vita fino a quel momento, non per rinnegarlo ma per osservare da lontano, apprezzare quel che di buono avevo costruito e scegliere cosa portare con me e cosa lasciarmi alle spalle.

Lasciare Londra era il primo passo.

Avevo amato così tanto quella città che non mi sembrava possibile: in tutti quegli anni avevo partecipato a numerosi *Leaving party*[43] e mi ero sempre chiesta se un giorno sarebbe toccato anche a me. Provavo a immaginare le circostanze che mi avrebbero portata via: un lavoro in un'altra città? Avrei seguito qualcun altro per amore in chissà quale altro posto nel mondo? O qualcosa mi avrebbe riportato in Italia?

Invece alla fine era stato qualcosa di totalmente diverso.

Desideravo allontanarmi dalla frenesia della vita londinese, dagli obblighi e doveri, dai luoghi e dalle persone che conoscevo; volevo liberarmi di tutto per ricominciare da me, vivere a un ritmo senza orologio, senza tempo. Fermarsi non significa stare fermi, ma interrompere dei comportamenti abitudinari, sia esterni che mentali; per me ha significato anche smettere di correre come un criceto sull'unica ruota disponibile, ma scendere ed esplorare strade alternative.

Per farlo, avevo un piano: un viaggio di sola andata verso il continente più spirituale del mondo, l'Asia. Un viaggio nel viaggio, che mi avrebbe aiutato a riflettere su quello che era stata la mia vita fino a quel

[43] Feste d'addio.

momento, ma soprattutto mi avrebbe insegnato a stare bene da sola ovunque nel mondo, con quello che capitava. Con me avrei portato solo lo stretto necessario: me e il mio zaino. Possediamo un'infinità di beni materiali; eliminare ciò che è futile per fare spazio all'essenziale è, a volte, necessario per ristabilire le proprie priorità, ed era quello che volevo fare per me stessa partendo da quello zaino. Ci misi dentro solo delle infradito, qualche pantaloncino e un paio di magliette.

In viaggio verso me sarebbe iniziato uno tra i più importanti capitoli della mia vita.

***

Prima di vagare per l'Asia senza un piano preciso, avevo scelto un posto in cui potessi ascoltare tutto quel caos che mi urlava dentro.

Volevo stare un po' insieme al mio io più intimo; con le sue parti più belle per celebrarle e imparare a valorizzarle, soprattutto nei momenti più bui, e con quelle più fragili per capirle senza giudicarle. Solo accettandomi pienamente e amandomi nella totalità del mio essere potevo intraprendere un viaggio di riscoperta della versione migliore di me.

Aereoporto di Roma Fiumicino, ore 13:20. Un aereo Thai Airways mi avrebbe portata a Bangkok in circa dieci ore. Non avevo la più pallida idea di cosa mi aspettasse, chi avrei incontrato e quanto sarebbe durato il viaggio; sapevo soltanto che il biglietto tra le mie mani era di sola andata. Non era un film, stava accadendo davvero. Sarei stata capace di viaggiare da sola in giro per l'Asia? Avrei avuto paura? Era il momento di scoprirlo.

Lo schermo davanti a me indicava i chilometri della tratta da percorrere, una telecamera esterna posta sulla punta dell'ala posteriore avrebbe mostrato in diretta video il momento del decollo. Allacciai la cintura di sicurezza, distratta del saluto delle hostess thailandesi che congiungendo le mani salutavano le donne dicendo *"Sawasdī kha"* e gli uomini *"Sawasdī khrab"*[44]. Sentivo le vibrazioni e il rombo dei motori risuonarmi dentro, guardando fuori dal finestrino pensai che solo un mese prima avevo salutato Londra, e adesso volavo di nuovo via, ma questa volta dall'Italia. L'aereo prese velocità, il rumore dei motori si fece più intenso, il cuore incominciò a battermi forte ed eccomi lì, in pochi istanti, di nuovo in cielo tra le nuvole, come tante volte, ma con uno spirito diverso: scomparivo in quel blu, pronta ad allontanarmi da tutto e da tutti, dall'Europa e dal modo di vivere occidentale.

Gli organizzatori del *Mindfulness Project Thailandia* mi avevano inviato un PDF con le fotografie di strade senza nome che avrei dovuto seguire per raggiungere quel posto nascosto. Una delle foto scattate ritraeva quattro alberi di palma con una didascalia che diceva

[44] Il saluto cambia in base al sesso.

"*svoltare a destra una volta raggiunte le quattro palme*". Sorrisi: e se uno degli alberi fosse stato abbattuto? Mostrai le foto all'autista del minibus. Non parlava inglese, ma con un cenno mi fece capire che aveva inteso; non potevo fare altro che fidarmi di lui. Dopo circa venti minuti, l'autista inchiodò in una strada sperduta nel bel mezzo del nulla e mi disse che ero arrivata a destinazione. La strada però non mi sembrava combaciare esattamente con le immagini che avevo con me. Vedendomi diffidente, lui mi tirò con delicatezza dal braccio e, facendo qualche passo in avanti, indicò la direzione che dovevo seguire. Ne sembrava molto sicuro, e dopo qualche minuto riuscii a identificare il tratto di strada che dovevo imboccare. Caricai lo zaino in spalla e mi misi in marcia; e avrei dovuto percorrere circa sei chilometri a piedi. Il sole splendeva alto nel cielo e c'erano circa trenta gradi, era Gennaio. "Che bello! Sole, Quanto mi sei mancato!" Pensai.

Dopo solo dieci minuti, una signora mi affiancò con il suo scooter e, nonostante ci fosse già una bambina seduta dietro di lei, mi fece segno di salire. Ero sbalordita: una sconosciuta stava offrendo un passaggio a me e al mio grande zaino senza che glielo avessi chiesto. Tutte e tre senza casco, un dettaglio in Asia, proseguimmo verso il luogo in cui aveva sede il *Mindfulness Project Thailandia*. La polvere rossa si alzò da terra, dietro l'angolo vidi le famose quattro palme; sorrisi, solo io sapevo cosa significava. Salutai con affetto quella donna, che senza saperlo mi aveva già insegnato qualcosa: *Dai senza la pretesa di avere nulla in cambio, dona per il gusto di farlo, di fare del bene, di aiutare, di regalare un sorriso.*

«Sei Rossana?» «Sì.» Sorrisi.

«Benvenuta!» mi rispose quel ragazzo dall'accento palesemente brasiliano. Mentre allungavo la mano per presentarmi, lui mi guardò e, sorridendomi, disse:

«No, no, questo non è un posto dove ci si stringe la mano. Qui ci si abbraccia.» E mi strinse a sé come se ci conoscessimo da una vita. Sentii che mi trovavo nel posto giusto.

In quell'angolo di paradiso avrei trascorso dei giorni indimenticabili, e sicuramente una tra le più belle e intense esperienze della mia vita.

Nei giorni a seguire avrei dormito per terra, su un materasso alto circa cinque centimetri in un grande capannone che ospitava tra i venti e i trenta ragazzi provenienti da tutto il mondo. Non c'era acqua corrente né tantomeno acqua calda, la doccia si faceva riempiendo dei secchi che poi ci svuotavamo addosso; non c'erano specchi, non si potevano bere alcolici e la dieta da seguire era rigorosamente vegetariana.

Ogni mattina, alle cinque e mezzo, il suono del gong ci faceva da sveglia quando il cielo era ancora buio e l'aria fresca. Con indosso delle felpe ci posizionavamo sotto a una pagoda; lì osservavamo l'alba sorgere mentre ci dedicavamo alla pratica dello yoga e della meditazione. Non mi era mai capitato di assistere alla magia dell'alba per così tanti giorni di fila e in quel modo così originale; tutto era avvolto nella magia del silenzio e nei suoni della natura: il fruscio delle foglie, il canto dei galli e degli uccellini, il suono del vento.

Durante la mattinata, divisi in team, ci dedicavamo a diverse attività: preparare la colazione e il pranzo, curare il giardino, pulire i bagni, coltivare la terra con tecniche alternative come la permacoltura, produrre mattoni in argilla che poi vendevamo agli abitanti dei villaggi vicini o che venivano utilizzati per il *project* stesso.

Tutto avveniva nel rispetto di alcune regole come quella del silenzio, che poteva essere interrotto solo dopo la colazione, e con uno dei gesti più belli del mondo: l'abbraccio. Ci insegnavamo a vicenda ad abbracciarci in modo avvolgente, senza freni o pregiudizi.

"Non pensate che avete davanti un uomo o una donna, se lo trovate simpatico o meno, se ha un odore di vostro gradimento oppure no: la persona che state abbracciando, prima di qualsiasi etichetta che la vostra mente possa affidargli, è un essere umano come lo siete voi. L'abbraccio è accettazione, è un dono d'amore. Abbracciare ci educa ad accogliere l'altro per quello che è e a lasciarci accogliere dall'altro a nostra volta."

Stare in silenzio non era facile, soprattutto per chi come me ha sempre parlato tanto, forse troppo. Ma a volte solo nel silenzio possiamo trovare le risposte che stiamo cercando. Non è giusto sforzarsi di riempire il silenzio perché sembra vuoto; il silenzio non è vuoto, è silenzio, e non ha bisogno di essere riempito di parole o di pensieri per avere valore. Al contrario, gesti come uno sguardo, una carezza, un abbraccio o un sorriso convivono con il silenzio e lo rispettano senza trasformarlo in altro.

Con la pratica della meditazione avrei imparato quanto il silenzio sia potente.

***

Il *Mindful project Thailandia* era stato fondato da una coppia di origini tedesche, la quale aveva vissuto per anni una relazione molto conflittuale; un giorno i due, stremati dalle continue discussioni, avevano deciso d'intraprendere un nuovo cammino: meditare l'uno al fianco dell'altro. Erano riusciti così a interrompere quel ciclo di conflittualità e capire come i rispettivi vecchi traumi fossero stati benzina sul fuoco per entrambi. Avevano imparato a comunicare in un modo nuovo, e così i meccanismi dell'ego avevano ceduto posto alla compassione e alla comprensione reciproca. Entrambi avevano accolto i bisogni dell'altro e vi si erano dedicati reciprocamente, spinti dalla voglia di stare insieme come comun denominatore.

Felici della loro vittoria, avevano deciso di fondare il *Mindfulness Project Thailand*, una comunità sostenibile che opera nel rispetto totale dell'ambiente. Qui, ancora oggi, insegnano a volontari provenienti da tutto il mondo lo yoga, la meditazione e molto di più: come non perdersi nel giudizio altrui, fidarsi di se stessi e accettarsi; imparare ad amarsi come premessa necessaria per accettare e amare gli altri.

***

"Di cosa hai bisogno per essere felice?"

"Qual è la maschera che indossi di solito?"

"Come e perché la tua ultima storia è finita?"

"In che modo togli energia agli altri?"

"Che cosa è la cosa che ti fa più paura?"

"Qual è il tuo più grande rimpianto?"

"Cosa t'imbarazza di più di te?"

"Cosa ti piace di più di te?"

"Cosa non accetti di te stesso?"

Seppur ci conoscessimo tutti da poco tempo, in quell'atmosfera semplice e priva di pregiudizi eravamo davvero liberi di essere noi stessi, parlare dei nostri problemi, ansie e preoccupazioni, senza sentire il peso di alcun giudizio da parte degli altri. Al calar del sole ci raccoglievamo in cerchio per raccontarci ai nostri compagni d'avventura e a noi stessi.

Christian ci poneva delle domande a cui rispondevamo seguendo l'ordine in cui eravamo seduti; ovviamente chi non se la sentiva poteva scegliere di non farlo.

Rispondere a queste domande mi ha aiutata a conoscermi meglio, non solo perché dovevo cercare le risposte dentro me ma perché, ascoltando gli altri, capivo ogni giorno qualcosa in più di me stessa. In fondo siamo un po' tutti lo specchio degli altri, e nella storia di alcuni, se ascoltiamo bene, si nasconde un po' della nostra stessa storia.

Servendomi delle domande di Christian e della lingua che univa tutti, l'inglese, mi ritrovai a svelare e al contempo scoprire parte del mio *io* più vero, e così anche gli altri. Accomunati dalla voglia di capirci e di capire, di ascoltare e imparare ad amare tutti ma in primis noi stessi, trascorrevamo ore a parlare profondamente di noi.

Prima di finire in quel cerchio, in un villaggio sperduto nel nord della Thailandia, mi sentivo *sbagliata*, pensavo che le emozioni che provavo in quel momento della mia vita fossero ingiuste, mi sentivo sola ed incompresa, pensavo di essere un caso disperato, di soffrire troppo per una storia finita, di essere troppo sensibile e preoccupata per la mia vita.

A trent'anni, credevo di dover già avere in pugno tutte le risposte e che sentirmi persa fosse sbagliato.

In quel cerchio, invece, avevo trovato tanti ragazzi che, seppur nati in posti diversi e cresciuti con culture, lingue, credenze e tradizioni diverse dalle mie, erano lì come me perché volevano andare al di là di quel che facciamo, capire più in profondità chi siamo e di cosa ognuno di noi, in modo diverso, ha bisogno per stare bene. Avevano bisogno come me di fermarsi in un posto di silenzio e pace in cui essere liberi dalla routine, dall'obbligo dei doveri, dal concetto di giusto e sbagliato, di male e bene, e soprattutto dal materialismo del mondo occidentale che ci bombarda trasmettendoci un unico messaggio: *avere è più importante che essere*.

In quel posto non aveva alcuna importanza sapere da che paese venissimo, che lavoro svolgessimo, che abiti indossassimo, non c'erano specchi; eravamo lì nella semplicità di ciò che siamo: esseri umani accomunati da emozioni e sentimenti. Tanta gente passa tutta la vita intrappolata nelle ombre negative di rancore, odio e invidia, mentre al *project* ci hanno insegnato che, qualunque cosa accada, l'unico modo per liberarsi dalla sofferenza è sviluppare un atteggiamento di amore, compassione, comprensione e accettazione prima verso noi stessi e poi verso gli altri e la vita intera.

Insieme a una maggior comprensione della dottrina buddista, quest'esperienza mi ha aiutata a capire quanto sia vero che una delle cose che più crea sofferenza nell'uomo è *l'attaccamento* agli oggetti materiali, alle persone e all'immagine di sé, alla nostalgia del passato e all'idea di quello che dovrebbe essere il futuro. L'unica via per liberarsi dall'attaccamento è l'accettazione; più si rifiuta la realtà, più intensa e dolorosa diventa la lotta contro il presente, cui sfuggiamo trovando riparo nei ricordi del passato o nelle proiezioni del futuro che ci fanno credere che solo avendo o facendo qualcosa di diverso staremo finalmente meglio.

Il desiderio disfunzionale per ciò che non abbiamo genera una sofferenza legata a tre tipi di vuoti che si sviluppano dentro di noi: il vuoto *spaziale*, il vuoto *temporale* e il vuoto *qualitativo*.

Nel *vuoto spaziale* mettiamo continuamente a confronto il posto in cui ci troviamo con un altro in cui crediamo che staremmo meglio. Capita quando pensiamo che saremmo più felici se vivessimo in un'altra città o paese, o quando usciamo con degli amici, ma crediamo che forse sarebbe stato meglio rimanere a casa o magari uscire con altri; quando, prenotata una vacanza al mare, pensiamo che forse sarebbe stato meglio andare in montagna, in collina o nel deserto, ma non dove siamo in quel momento.

Il *vuoto temporale* è quello che ci allontana completamente dal *qui e ora*, e ci fa sprofondare nella nostalgia per il passato o nell'ansia e nell'attesa per il futuro, in modo da alienarci dal presente.

Capita che il ricordo di momenti passati della nostra vita sia così ossessionante che non ci permette di vivere nel presente. Quando la mente si accorge che il pensiero è incessante, scappa dal passato in cui non riesce a stare e passa direttamente al futuro, immaginando cosa potrebbe colmare quel senso di vuoto: un lavoro stabile e appagante, sicurezza economica, successo, amore, beni materiali. Così, ci convinciamo che queste cose siano l'anticamera per la nostra felicità.

Il *vuoto qualitativo* è quello che ci fa giudicare negativamente chi siamo e quello che facciamo rispetto quello che invece vorremo essere o fare. Vorremmo essere più alti e meno bassi, più magri e meno grassi, più intelligenti e meno pigri, insomma vorremmo essere meno di tutto il più che già siamo e più di quel meno che non abbiamo. Vorremmo un lavoro più stimolate, uno stipendio più appagante, essere meno permalosi e più efficienti, più sportivi e meno depressi, più slanciate, meno formose e la lista continua.

Questi tre vuoti, se esasperati, creano un profondo senso d'insoddisfazione, generano ansia e malessere. Solo accettando la realtà per ciò che è e accettando noi stessi per quello che siamo - pregi, difetti e debolezze incluse -potremo riscoprire che l'opportunità di ogni giorno non si nasconde nel passato o nel futuro ma nel presente, nel *qui e ora*. Solo in *questo* tempo possiamo crescere, migliorare e diventare la versione migliore di noi.

18

Il viaggio

Muoversi per la Thailandia in autostop è una pratica diffusa e piuttosto sicura; avevo, perciò, preso in considerazione la possibilità di raggiungere il confine con il Laos proprio in questo modo. Se mi fossi trovata in un altro paese, non credo che ci avrei nemmeno pensato, ma mi rassicurava sapere che la maggior parte della popolazione, lì, è di credo Buddista.

Tutti credono nel Karma, una sorta di legge di causa-effetto secondo la quale ogni azione ed intenzione generano delle *conseguenze* che, presto o tardi, si ripercuoteranno su di noi. Non è, però, la paura che qualcosa di brutto possa accadere, a rendere il popolo thai così disponibile e generoso, uno dei tratti distintivi della nazione, ma l'educazione che tutti ricevono sin dall'infanzia: donare *è* fare a meno di qualcosa di nostro per amore dell'altro. Una volta a settimana, ad esempio, ci si reca nei templi per offrire cibo ai monaci; prima che la cerimonia abbia inizio, i genitori acquistano ai propri figli la loro leccornia preferita, caramelle o dolci di vario genere, dopodiché, i bambini vengono incoraggiati a donare tutto ai monaci. Ricorderò per sempre la maniera composta in cui un bambino di soli cinque anni, chinandosi, abbandonava in una cesta tutto quello che aveva senza lamentarsi, piangere o fare i capricci. Questa pratica educa alla generosità, all'altruismo e all'amore verso l'altro; un atteggiamento molto lontano da quello cui assistiamo in occidente, dove i bambini, ma anche ragazzi più grandi, sono più abituati a pretendere che a donare.

Dopo avere trascorso quasi venti giorni al *project*, sentivo un po' di timore all'idea di lasciare quel posto sicuro e proseguire il viaggio da sola, ma dovevo andare avanti. Abbracciai tutti per l'ultima volta e volsi le spalle a quel posto incantato che avrei portato per sempre con me; adesso potevo dire di avere già visto qualcosa di simile al paradiso.

Il mio prossimo obiettivo era entrare in Laos, un piccolo paese che confina con Thailandia, Myanmar, Cina, Vietnam e Cambogia. Non avevo un piano preciso e non sapevo ancora dove avrei dormito, ma durante gli ultimi giorni trascorsi al *project* avevo raccolto suggerimenti sui posti da visitare da chi c'era già stato prima. Mi accingevo a fare l'autostop in compagnia del mio zaino dal ciglio della strada. Dalla scrivania al sedicesimo piano di un palazzo vetrato nella city di Londra al pollice alzato su quella strada sperduta nel Nord della Thailandia non era passato molto tempo, eppure sembravano secoli. Nell'arco di pochi minuti non salii a bordo di un'auto o di un camion come avevo immaginato, bensì di un autobus. Non lo sapevo nemmeno, che un bus diretto a Udon Thani, località al confine con il Laos, sarebbe passato da lì, ma mi si fermò davanti ed io ci salii su. Passiamo così tanto tempo a preoccuparci di quello che sarà quando molte volte, come in questo caso, la soluzione arriva da sé.

Seduta in fondo a quell'autobus mezzo vuoto, indossai le mie grandi cuffie per ascoltare un po' di musica mentre guardavo fuori dal finestrino con lo stupore di chi certe cose non le ha mai viste prima. Anche se il paesaggio non era sempre così bello da togliere il fiato, osservavo incantata tutta quella diversità: a tratti di strada dissestata e costeggiata da alberi alti e verdi si alternavano villaggi affollati e impolverati; la gente camminava sul ciglio della strada, indifferente al traffico delle auto e ai grandi camion. I negozi sembravano mercati a cielo aperto: a vestiti dai colori sgargianti si affiancavano gli accessori più disparati. Tutto quello che scorgevo oltre quel finestrino era molto lontano dai trend occidentali: la gente era vestita in modo semplice, all'architettura sobria dei palazzi si alternava lo sfarzoso carattere dei templi buddisti; nonostante fossi sul bus, respiravo l'odore tipico che il cibo thai fa nei wok[45]. Arrivata a Nong Khai, città Thailandese al confine con il Laos, mi accorsi che mi mancavano pochi spiccioli per acquistare il biglietto del bus per Vientiane[46]. Uscita dalla fila per ottenere la visa credevo di poter prelevare da un bancomat, ma non ce n'erano. Chiesi alla ragazza che vendeva i biglietti

[45] Padellone di ferro di forma conica con il fondo arrotondato o semisferico, utilizzato nella cucina thai.
[46] La capitale del Laos.

del bus se sapesse dirmi dove prelevare dei soldi; mi rispose che sarei dovuta tornare indietro di un paio di isolati. Se avessi seguito il suo consiglio, avrei probabilmente perso il bus. Mi guardai intorno: la soluzione ottimale era quella di farmi prestare quattro Bath[47] da qualcuno. L'idea di chiedere soldi in giro non era molto allettante, ma non avevo alternative. Mi diressi verso un ragazzo che indossava un berretto rosso.

«Ciao! Scusami, avresti per favore quattro Bath? Vorrei poterti dire che te li restituirò, ma non credo sarà possibile perché non so a che fermata scenderai tu.» Sorrisi, in attesa della sua risposta.

«In realtà non sto aspettando il bus, ma fammi controllare... Ecco tieni!» Mi porse degli spiccioli. «Grazie mille!» Corsi a comprare il biglietto di un autobus su cui non sarei mai salita. «Dove sei diretta?»

«A Vientiane, da lì prenderò un bus per Vang Vieng. Non so quante ore di viaggio mi aspettano, ma non ho fretta.»

Quando si viaggia senza limiti di tempo e spazio, si prova un inspiegabile senso di libertà. Non si devono seguire programmi rigidi e ritmi precisi come quelli stabiliti dalle agenzie di viaggio, o avere l'ansia perché non si ha abbastanza tempo per visitare tutto

---

[47] Circa due centesimi di euro.

quello che si vorrebbe, perché i giorni di ferie sono contati. Un *backpacker*[48] esplora il mondo senza sapere dove dormirà di preciso - generalmente un ostello o una tenda - e cosa mangerà - qualsiasi cosa purché sia economica e tipica del luogo. Una delle regole di chi viaggia così è spendere poco: meno si spende, più il viaggio sarà lungo. Partire senza biglietto di ritorno significa scegliere di vivere seguendo un solo ritmo, il tuo, che s'incastra come viene con gli avvenimenti più importanti della giornata: l'alba e il tramonto. Significa non avere obblighi o doveri, nessuno che ti dica cosa fare o quando farlo; conoscere gente proveniente da tutto il mondo, che non ha la più pallida idea di chi tu sia, da dove tu venga e quale sia la storia che porti con te. Questo modo di viaggiare aiuta a essere concentrati sul presente, perché non si può mai sapere cosa accadrà dopo, e quindi resta solo una cosa da vivere: il *qui e ora.* Aiuta a sviluppare un forte senso di adattamento e la capacità di gestire gli imprevisti, che sono sempre dietro l'angolo ed è importante mantenere la calma, non farsi prendere dall'ansia e capire come trovare la giusta soluzione nel minor tempo possibile; insegna a fidarsi di più di se stessi del proprio sesto senso. In viaggio il cuore si ammorbidisce di fronte alla povertà cui si è esposti senza volerlo, s'impara ad abbracciare la diversità senza giudicarla e ad immergersi nella cultura della gente del posto come se fosse la propria.

---

[48] Chi viaggia con lo zaino in spalla.

«Anch'io sono diretto a Vientiane, sono in attesa di un amico di mio zio che mi darà un passaggio in auto, fino alle porte della città, se ti va, puoi venire con noi.»
Non sapevo nulla di quel ragazzo, ma m'ispirava fiducia. Mi raccontò del suo soggiorno in Thailandia e del suo viaggio in Asia, che durava da circa cinque mesi.

«Eccolo: è arrivato.»

Leon, un signore di nazionalità inglese, scese dalla macchina, si presentò e mi aiutò a caricare lo zaino nel cofano. Il suo accento molto *British* mi ricordò subito Londra.

«Leon, vivi qui da molto?» Gli chiesi. Volevo essere cordiale con chi mi stava offrendo così gentilmente un passaggio senza nemmeno conoscermi. «Sì. In Laos da dieci anni, lavoro qui come direttore di una scuola d'inglese, ma prima ho vissuto in Thailandia e in Vietnam.»

Iniziava così il mio ingresso in Laos, seduta insieme a due sconosciuti su una comoda automobile dotata di aria condizionata, dettaglio da non sottovalutare dato che fuori c'erano più di trenta gradi.

In Italia e nel mondo occidentale ci insegnano sin da piccoli ad avere paura: non dobbiamo mai fidarci della gente, soprattutto degli sconosciuti. Se, però, ci pensiamo un attimo, chi è stato in grado di farci più male, era proprio chi diceva di volerci bene. Ci insegnano che la diffidenza nei confronti del prossimo è la migliore arma per tutelarci. Questa è la conseguenza di una perdita di fiducia dovuta alle nostre esperienze passate, a quello che la gente racconta e quello che sentiamo al telegiornale. In viaggio, però, proprio insieme a degli estranei stavo vivendo una delle esperienze più belle della mia vita, e grazie all'amore e al supporto di tanti sconosciuti avrei continuato il più bel viaggio verso me.

Se l'unica opportunità che abbiamo per riscattare il passato e accogliere il futuro è vivere pienamente il presente, forse il primo passo da fare è proprio ritornare ad avere fiducia in noi stessi, negli altri e nelle opportunità che la vita ci può donare ogni giorno; solo con un atteggiamento di apertura e accoglienza possiamo tirare fuori il meglio dagli altri e contemporaneamente dare il meglio di noi.

«Non ci credo: non ti ho chiesto come ti chiami?
«Quein.»

«Piacere, Rossana. Grazie mille del passaggio, magari ci incontreremo in giro per il Laos. Buona fortuna!»

Ho esplorato il Laos da Nord a Sud per circa un mese , in compagnia di Ely, una cara amica californiana conosciuta durante il *project* in Thailandia. Ho visitato posti incredibili, attraversato villaggi e zone rurali, guidato uno scooter, fatto trekking e goduto della vista di paesaggi mozzafiato; ho nuotato nei laghi e fatto il bagno nelle cascate, ho attraversato i fiumi guidando la canoa, ho vissuto con pochi soldi al giorno mangiando quello che c'era e dormendo dove potevo. Con un budget giornaliero bassissimo, ho vissuto i giorni più ricchi di tutta la mia vita.

Viaggiare sola mi ha insegnato a non lamentarmi. Ci lamentiamo sempre solo perché c'è qualcuno, accanto a noi, che può ascoltare o rispondere alle nostre polemiche; quando invece siamo da soli o in compagnia di gente appena conosciuta, impariamo a fare una delle cose più potenti del mondo: stare zitti, smetterla di riempire il silenzio con un dire superfluo e accettare quello che è per com'è, o cercare soluzioni migliori.

Ogni giorno, io ed Ely meditavamo nel cuore di foreste sperdute o sulla vetta di qualche montagna scalata con fatica, accarezzate dal vento ci immergevamo nel silenzio della natura. Meditare mi ha aiutata a mettere ordine nel caos dei miei pensieri, a creare uno spazio di silenzio dentro me, a domare la mia mente e, soprattutto, a fidarmi più delle mie sensazioni che dei miei pensieri. In viaggio ho scoperto quanto la meditazione fosse uno strumento valido per creare pace dentro me stessa quando mi sentivo triste, ansiosa e preoccupata e quando il ricordo del passato prendeva il sopravvento.

Avevo cercato un e tempo e uno spazio per rivolgere tutta l'attenzione su quello che volevo diventare dentro di me. Avevo vissuto gli ultimi anni preoccupandomi di essere sempre all'altezza delle sfide che mi ponevo; cercavo conferma del mio valore nel successo professionale e nella porzione d'amore che gli altri mi concedevano; fermarmi è stato il mio modo per osservare la mia vita dall'esterno e scegliere chi volevo essere e non come volevo apparire.

Sin da piccoli ci chiedono cosa vogliamo fare da grandi, ma mai nessuno ci chiede chi vorremmo essere da grandi.

Chi vogliamo essere passa sempre in secondo piano, rispetto a cosa vogliamo fare. Non c'è tempo nella frenesia del mondo occidentale per pensare all'interiorità, è dato per scontato che tutto quello che riguarda le nostre emozioni, atteggiamenti o pensieri sia un nostro problema. Non c'è tempo per capire come funziona la nostra mente, come il nostro passato e le nostre esperienze influenzino chi siamo, come viviamo e come gestiamo le nostre emozioni. Se, mentre cerchi di fare qualcosa della tua vita, impari anche chi sei e come funzioni ben venga, altrimenti puoi rimanere indietro e probabilmente non arriverai a conoscerti pienamente fino alla fine dei tuoi giorni e vivrai dominato dalle emozioni negative e dagli atteggiamenti distruttivi.

C'è chi vive una vita intera senza mai avere il coraggio di mettersi seriamente in discussione, ed io avevo scelto tantissime cose nella mia vita, ma forse non davvero chi volessi essere.

L'esperienza in Thailandia, le intense sessioni di meditazione, gli insegnamenti del *Mindful Project* e gli imprevedibili compagni di viaggio mi hanno aiutata a focalizzare l'attenzione su degli aspetti che ho capito essere fondamentali per comprendere come e perché reagiamo in determinati modi e come determinati atteggiamenti possano aiutarci a migliorare noi stessi, la nostra vita e quella di chi è al nostro fianco: *capire l'ego*, in modo tale da trasformare i sentimenti di rabbia e incomprensione in qualcosa di positivo; *sviluppare un atteggiamento compassionevole* verso noi stessi e verso gli altri; imparare ad *accettare la realtà* per quella che è nel momento presente. Solo così possiamo slegarci dal passato, cogliere l'opportunità del presente e prepararci ad accogliere il futuro.

19

Il potere della scoperta
Riflessioni dall'Asia profonda

Capire l'ego

Avevo spesso sentito pronunciare il termine *ego*, ma a riguardo sapevo molto poco. Indagare sul reale significato di questo termine e sui meccanismi ad esso connessi è stata una scoperta sorprendente e per certi versi dolorosa , ma necessaria per acquisire una maggiore consapevolezza di alcuni miei comportamenti.

Definire l'*ego* non è semplice, ma potremmo dire che si tratta di quella parte del *sé* che non vuole essere sminuita e quindi resta in guardia contro ogni possibile attacco.

Quando qualcuno o qualcosa ci attacca, ci ferisce e ci fa del male, la parte che spesso ne è più colpita è il nostro *ego*. Quando qualcuno ci rimprovera o ci umilia con le parole o con i gesti, la prima sensazione che il nostro *ego* percepisce è che quel qualcuno stia cercando di sminuire il nostro valore. Per reazione, ci difendiamo giustificando i nostri atteggiamenti o puntando il dito contro l'altro. Spesso, anche se abbiamo torto siamo più interessati a liberarci di quell'immagine che l'altro sta cercando di proiettare su noi piuttosto che riconoscere la verità e metterci in discussione; l'unica cosa che sembriamo voler preservare è la nostra immagine. Ci difendiamo con tutta l'energia che abbiamo ma, più che il giudizio altrui, non riusciamo ad accettare il giudizio negativo che noi abbiamo di noi stessi e, invece di soffermarci a riflettere, passiamo al contrattacco.

Come spiega Tolle nel suo libro "*Un Nuovo Mondo*"[49], una delle particolarità dell'ego è la sua capacità di identificazione con le parole *"io", "me"* e *"mio",* che riflettono l'idea che noi abbiamo sviluppato nel tempo riguardo chi siamo, chi vorremmo essere e il valore che ci diamo. Ogni volta che questa identificazione viene messa in discussioni dagli eventi, dagli altri o peggio ancora da noi stessi, noi soffriamo. Se, ad esempio, pensiamo ad un bambino che possiede un giocattolo, quando questo si rompe o gli viene tolto il bimbo piange, perché in quel momento soffre non per il giocattolo in sé, ma perché dentro ha sviluppato il concetto di "mio". Quel giocattolo, quando sarà grande, diventerà l'auto, la casa, i soldi, la carriera ecc.

Il nostro ego sviluppa, verso questi oggetti di attenzione, una delle condizioni che generano più sofferenza nell'uomo: *l'attaccamento*. Ogni volta che all'ego verrà tolto o sottratto quel "mio" o qualunque altra cosa che appartenga alla sua idea sviluppatasi intorno ai concetti del "me" e dell'"io", l'ego soffrirà e noi con esso.

---

[49] Eckhart Tolle, Un Nuovo Mondo, (2008).

La delusione per ciò che volevamo che fosse e non è stato può essere logorante proprio a causa dell'ego. Se abbiamo proiettato così tanto di noi in quell'immagine futura che doverci allontanare da essa fa male, è perché dobbiamo allontanarci anche dall'immagine che avevamo del nostro io.

Era così anche per me: il mio ego aveva sviluppato un attaccamento così forte verso l'idea che avevo di me, della mia vita e della relazione che desideravo, che il sol pensiero di dovermi allontanare da queste era come allontanarmi da me stessa.

Quasi tutti i meccanismi del nostro ego non sono altro che degli automatismi inconsci, che non riconosceremo mai a meno che non ci soffermiamo a riflettere. Un altro modo in cui l'ego si manifesta, spiega Tolle, è il materialismo. Sebbene, infatti, tutti ce ne proclamiamo estranei, le nostre case sono piene di cose che non ci servono davvero e che continuiamo ad acquistare solo per quel piacere temporaneo che proviamo nel comprarle. Comprare è aggiungere materialmente valore al nostro io, e più l'oggetto acquistato sarà costoso e prezioso, più avvertiremo un senso di soddisfazione, che però scade come il grattino pagato al parcheggio.

L'ego non si identifica solo con questi oggetti materiali, ma anche con una serie di "bisogni"; il primo è quello "di avere di più", non solo materialmente ma soprattutto a livello ideale. Per l'ego ciò che abbiamo non è mai abbastanza, o magari lo è solo temporaneamente quando raggiungiamo l'obiettivo che ci eravamo prefissati, poi puntualmente precipitiamo di nuovo in quel senso di insoddisfazione che ci rende inquieti e spesso apatici. L'ego ci pone in una condizione di continua ricerca che, se ci facciamo caso, è sempre rivolta verso l'esterno e mai verso l'interno. Ma veramente la risposta alle nostre domande si trova sempre e solo al di fuori di noi?

Era proprio quello che era successo a me: colmavo quel senso di insoddisfazione e irrequietezza individuando nuovi obiettivi da raggiungere, che avevano sempre a che fare con la vita professionale o con altri aspetti esteriori: casa, viaggi, amici, fidanzato, etc.

Non riconoscere come certe nostre forme di pensiero e certi automatismi ci rendano schiavi di processi che ripetiamo incessantemente, ci condanna a un perenne senso di insoddisfazione che avvertiamo come un vuoto, ma che continuiamo a riempire con cose che appartengono al mondo esteriore, quelle che noi consideriamo l'anticamera della nostra felicità: *quando avrò la casa, un matrimonio, un figlio, incomincerò a viaggiare, otterrò la promozione che tanto merito, guadagnerò più soldi, allora sì che sarò felice.*

L'altro errore che commette il nostro ego è quello di trattare il *presente* come un mezzo per arrivare altrove, precisamente in quella proiezione futura, frutto dell'immagine che il nostro io crea, in cui finalmente ci sentiremo meglio. In alcuni di noi, ed io ero certamente tra questi, questo schema mentale è così accentuato che il presente viene trattato come un ostacolo da superare in vista di un futuro più gratificante e soddisfacente. Questo modo di vivere genera ansia, preoccupazione, smarrimento e impazienza. La nostra vita viene percepita come un problema da superare prima di poter accedere a quel senso di soddisfazione che finalmente ci consentirà di essere felici e di cominciare a vivere davvero.

Comprendere questi meccanismi mi ha aiutata a capire quanto la mia relazione con il momento presente fosse disfunzionale. Quando non avevo un passato a cui aggrapparmi, cercavo nel futuro la risposta all'insoddisfazione del presente. Tutto questo avviene perché il nostro ego si identifica con la nostra parte più pericolosa: il pensiero.

L'ego si fida di tutto ciò che pensiamo, ma noi non siamo i nostri pensieri, anche se crediamo di essere tutto quello che i nostri pensieri generano.

Se pensiamo di avere paura di qualcosa, agiremo frenati da questa paura, nonostante essa sia spesso un'illusione. Quante volte abbiamo creduto che qualcosa ci avrebbe fatto paura e invece poi siamo rimasti sorpresi dalla nostra reazione e abbiamo commentato con un "pensavo peggio" o "pensavo meglio"? I nostri pensieri sono condizionati dalle nostre esperienze e dal nostro passato, da come siamo stati educati ed amati, dalla nostra infanzia e dalle nostre relazioni; questo determina una serie di pregiudizi e schemi mentali che ci fanno vivere e agire secondo dinamiche che non sembriamo nemmeno conoscere, poiché si tratta di meccanismi inconsci che operano in noi. Prendere atto dei nostri *pattern*[50] ci aiuta a guardarci dall'esterno e a capire se è quello il modo in cui vogliamo agire o se possiamo intraprendere una strada alternativa.

L'unico modo per liberarsi dagli schemi dell'ego perciò è sviluppare consapevolezza di come questo operi dentro noi; vivere cercando di non reagire alle offese e ai tentativi di sminuirlo, mantenendo invece un atteggiamento non *reattivo;* smettere di resistere al naturale flusso della vita e degli eventi; arrendersi con accettazione alla realtà e accogliere ogni cambiamento.

Sviluppare un atteggiamento compassionevole

L'altro aspetto sul quale ho avuto modo di soffermarmi e riflettere durante questo viaggio interiore è la compassione.

La compassione è quel sentimento empatico che ci mette in connessione con l'altro e noi stessi, che ci aiuta a percepire gli stati emotivi che viviamo e che

---

[50] Modelli di comportamento.

gli altri vivono e che ci spinge a voler aiutare gli altri e noi stessi.

Siamo invece spesso pieni di rabbia e odio, che sono sentimenti completamente opposti alla compassione. Queste emozioni si manifestano in noi tutte le volte che qualcosa non va come desideriamo: quando veniamo delusi o deludiamo noi stessi, se gli amici non ci trattano come vorremmo, le volte in cui il nostro partner non capisce quello che cerchiamo di spiegargli o in quei periodi in cui il lavoro alimenta in noi frustrazione, sviluppiamo dei sentimenti negativi che ci legano ancora di più a situazioni che ci hanno fatto o continuano a farci del male.

Era proprio ciò che era accaduto a me: la rabbia che avevo dentro era così ingombrante e difficile da gestire, che spesso sfociava in atteggiamenti e comportamenti aggressivi e supponenti. Ero arrabbiata perché le cose non stavano andando come volevo e avevo pianificato, perché quel nuovo lavoro non mi faceva sentire bene, perché la mia relazione era fallita, perché la vita a Londra non sembrava essere più quella giusta per me, perché sentivo di aver deluso me stessa e le mie aspettative. Riconoscere che, in alcune situazioni, le emozioni negative hanno il sopravvento su di noi e non generano solo orgoglio, rabbia e rancore non è facile, anzi: ci vergogniamo di quello che sentiamo e, nel tentativo di ignorarlo, rimaniamo nelle stesse condizioni di una bomba ad orologeria che, alla prima provocazione o al primo torto, esploderà.

Il primo passo da fare, dunque, è accettare quello che sentiamo; il che non significa accettare di vivere per sempre con delle emozioni negative, ma esserne al corrente e osservarle senza giudicarle, per poi lasciarle andare. Se non familiarizziamo coi sentimenti che proviamo, finiremo per nasconderli a noi stessi, per giocare a nascondino con le nostre stesse emozioni e sensazioni che resteranno lì, insolute finché continuiamo a ignorarle e a non volerle accettare.

Io facevo proprio questo: non accettavo le emozioni negative perché mi facevano sentire debole, nell'immagine del mio ego io dovevo essere una persona forte e scoprirmi debole in determinate situazioni generava in me sofferenza. Nei momenti fragili, invece di incoraggiarmi e proteggermi, continuavo a criticare me e il mio modo di sentire, che mi sembrava sbagliato e imperdonabile. Non volevo accettare che, a trent'anni, dovevo ancora mettere in discussione una serie di aspetti della mia vita e quindi andare contro quello che il mio io aveva progettato per me.

Secondo la sua immagine, infatti, avrei già dovuto avere tutte le risposte, e di certo non soffrire così disperatamente per amore o lasciare la città che avevo tanto amato per andare non si sa dove. Non avrei mai dovuto, secondo quell'ego implacabile, chinare la testa e ammettere un "non lo so", sentirmi persa e confusa, perdere il controllo della situazione, delle mie emozioni e di me stessa, mai smettere di combattere, deporre le armi e arrendermi alla realtà degli eventi senza cercare di cambiarli.

Il rifiuto della realtà e la resistenza al cambiamento non erano delle opzioni che io sceglievo coscientemente, ma il risultato di una serie di automatismi che fanno parte di me, primo fra tutti quello di combattere per guadagnarmi qualsiasi cosa, dal successo all'amore: ma è davvero necessario combattere per essere amati?

Quando non siamo guidati dalla compassione ma dalle emozioni negative, diventiamo più ostinati. L'ostinazione non è altro che la versione adulta dei capricci.

Quando rimaniamo aggrappati con le unghie e con i denti a convinzioni, situazioni, o persone sbagliate che ci logorano e ci fanno del male, ci stiamo ostinando; questo sfocia in una lotta per il controllo e per la conquista di quello che vogliamo, ma in realtà siamo più legati all'idea che abbiamo nella nostra mente, che a ciò che in effetti ci tiene ancora lì; così non lottiamo perché *ci crediamo,* abbiamo smesso già da un po', ma se lo ammettessimo a noi stessi perderemmo il senso della nostra stessa lotta.

Allora distorciamo la realtà, per non ammettere che le cose sono cambiate. L'ostinazione fa sì che rimaniamo ancorati a situazioni che ci rendono depressi, frustrati e apatici: manteniamo rapporti con amici, familiari e partner che ci consumano e che tirano fuori il peggio di noi, ci ripetiamo che un giorno faremo cose che non troviamo il coraggio di fare, rimaniamo invischiati in circoli viziosi scomodi e fastidiosi, ad ascoltare gente che non ci va di ascoltare, manteniamo con fatica un impiego che non ci piace e viviamo le nostre giornate in modo di annoiarci brutalmente. Ripetiamo ciclicamente gli stessi errori, perdoniamo sempre le stesse persone e poi invece non abbiamo la stessa compassione quando si tratta di noi stessi. Ci ostiniamo perché scegliere una "comfort zone" è sempre più facile che correre il rischio di provare emozioni nuove. Se stiamo soffrendo, almeno conosciamo l'entità del dolore, piuttosto che esplorare nuovi orizzonti; navigare in acque nuove, che potrebbero portarci dove il mare è agitato e scuro, ci fa paura. Allora preferiamo restare dove siamo piuttosto che avere coraggio e affrontare quella paura, che è il solo ponte che ci condurrà dall'altra parte.

Sviluppare un atteggiamento compassionevole è la scelta necessaria per guardare a ciò che ci accade da un'altra prospettiva, vivere la nostra vita e affrontare le difficoltà in modo diverso; significa diventare persone che ascoltano con amore gli altri, soprattutto quando si tratta di persone che ci sono poco simpatiche, che ci hanno fatto del male o di cui non condividiamo idee e comportamenti. Le persone o le situazioni con cui risulta più difficile avere un atteggiamento compassionevole sono opportunità per esercitarci al cambiamento e fare nostro questo approccio.

Diventare persone compassionevoli significa essere più empatici verso gli altri, capire meglio la loro sofferenza, sforzarsi di comprendere i sentimenti altrui e i relativi comportamenti, soprattutto in caso di reazioni pesanti; è importante cercare di comprendere le reazioni sbagliate e non giudicarle, e questo riguarda gli altri, ma in primis noi stessi.

Capire quando siamo poco compassionevoli con noi e con gli altri e sviluppare un atteggiamento più docile e tollerante è il passo necessario per crescere ed evolverci come individui, e così diventare delle persone migliori.

L'obiettivo finale è quello d'imparare a *mantenere* un atteggiamento compassionevole anche quando gli altri adottano un comportamento negativo nei nostri confronti. Diventare persone compassionevoli include il saper perdonare, che è diverso dal dimenticare ciò che ci ha fatto soffrire. Un atteggiamento compassionevole ci rende in grado di lasciar andare la rabbia per fare spazio alla consapevolezza di ciò che è funzionale al nostro stare bene e di ciò che invece è nocivo.

Comprendere gli altri ed essere compassionevoli non significa creare un terreno perché questi continuino a farci del male o approfittino di noi e della nostra bontà: dobbiamo innanzitutto rimanere fedeli a noi stessi, amarci e proteggerci. Se qualcuno, poi, sarà in grado di farci dimenticare o accantonare i torti subiti, ci riuscirà con la costanza delle azioni e dei gesti spontanei e genuini che sono dettati dall'amore. Solo praticando la compassione in primis verso noi stessi, riusciremo ad amarci di più e, di conseguenza, amare, perdonare e lasciare andare tutto quello che non ci appartiene più.

20

Cambogia

Dopo un mese in viaggio, salutavo questa volta il Laos. Contemplavo, seduta sulle sponde del Mekong[51], il sole che scompariva dietro le montagne verdi, lasciando dietro di sé una luminosa scia aranciata nel riflesso del fiume. Avevo trascorso le mie giornate in quella terra meravigliosa e semplice scrivendo, correndo e meditando; mi ero persa nella vegetazione fitta e negli incontri con viaggiatori misteriosi, che come me avevano scelto di fermarsi viaggiando.

Una barca mi avrebbe condotta sulla terra ferma, da lì avrei proseguito il mio viaggio in bus per raggiungere Siem Reap, città cambogiana da cui pianificavo di fare base per visitare il più grande sito religioso al mondo: Ankgor Wat.

Questo sito archeologico conserva le rovine delle capitali della dinastia Khmer; ciò che conferisce un'aria mistica al posto è la singolare architettura, che si incastra in un paesaggio di giungla millenaria. Il sito è molto frequentato dai monaci buddhisti che, con le loro tuniche color arancio, non passano di certo inosservati.

[51] Il fiume più lungo e importante dell'Indocina.

Era una giornata molto calda ed io ero in compagnia di Gerardin, una ragazza di Reuniòn[52], e Jean, un signore Canadese; viaggiavamo insieme da qualche giorno. Nonostante la differenza di età, con loro mi sentivo a mio agio; sembrava che ci conoscessimo da un pezzo.

Dopo aver esplorato quelle meravigliose rovine e pranzato con il ragazzo cambogiano che ci aveva guidati durante la visita, in serata ci esplorammo l'allegra e originale Siem Reap, cenammo nell'antico mercato locale a ridosso del fiume, pietanze tipiche vendute dai locali a un costo irrisorio.

Le città, però, non erano mai state la mia passione, così decisi di dirigermi al più presto nell'isola più tranquilla e meno festaiola, Kho Rong Samloem, invece di recarmi insieme agli altri sulla vicina Kho Rong; avevo bisogno di ritornare al silenzio della natura. Trascorsi circa quindici giorni sulla parte nord dell'isola, M'bai bay, dove ancora oggi si trova un rustico villaggio di pescatori. Su tutta l'isola non esistevano automobili, ma solo moto e biciclette, e per raggiungere gli altri versanti era necessario spostarsi via mare.

Man mano che la barca si avvicinava a riva, ero sempre più rapita dal colore cristallino delle acque e che circondavano la baia; il colore bianco della sabbia fina risaltava sul verde brillante delle palme che facevano da sfondo alla lunga distesa di spiaggia

---

[52]Isola francese situata ad est del Madagascar.

incontaminata. La mia casa, per quei giorni, sarebbe stata un ostello gestito da una coppia di inglesi che ormai viveva sull'isola da anni.

Una notte mi svegliai in preda alla sete; erano circa le tre, l'acqua però era finita. Solitamente portavo con me una bottiglia di alluminio, che riempivo regolarmente in ogni ostello o ristorante in modo da non dover comprare bottiglie di plastica. Quella sera, però, era a secco. Fui costretta così a raggiungere un piccolo chiosco che, per fortuna, era ancora aperto. Ricordo perfettamente la sensazione di quando, uscita dalla stanza, i miei piedi sprofondarono subito nella sabbia fresca della notte; il cielo era limpido e pieno di stelle, le barche stanche dei pescatori galleggiavano silenziose mentre il mare le rifletteva, una piccola mandria di buoi bianchi mi passò di fianco. Mi sedetti al fianco di quella compagnia insolita e rimasi lì, a gustarmi il silenzio di quel posto magico.

Non avrei mai immaginato che un giorno mi sarei ritrovata da sola, su isola sperduta, a guardare le stelle in compagnia dei buoi. La temperatura era perfetta, non sentivo freddo e le onde lente mi bagnavano i piedi. Era tutto così semplice e così ricco! Una sensazione di pace mi riscaldò l'animo; dopo tanti mesi, per la prima volta, la mia mente tacque. Una lacrima dal sapore diverso mi accarezzò uno zigomo. Sentivo di aver finalmente imboccato la strada giusta, qualcosa stava cambiando davvero.

***

Dopo quasi tre mesi in giro, finalmente qualcosa faceva più rumore dei miei pensieri: lo scroscio dell'acqua nelle cascate, il cinguettio degli uccelli, il verso delle cicale, lo sfrigolio delle foglie. Il sole mi scaldava la pelle mentre pedalavo o scorrazzavo in moto sulle strade polverose di posti lontani, gli alberi di palme e banano facevano da cornice all'azzurro del cielo e all'intenso blu di mari cristallini. Il vento leggero mi accarezzava, il colore della mia abbronzatura si faceva più scuro, mentre i miei capelli si schiarivano per merito del sole e io diventavo ogni giorno più bella, stavo tornando a sorridere e imparavo a vivere nel presente.

La natura, con le sue leggi, mi stava insegnando che, comunque vada, la vita scorre come l'acqua tra le sponde dei fiumi, e non bisogna lasciarsi travolgere ma lasciare andare quello che non ci appartiene più; non è sano aggrapparsi per paura di perdere il controllo nella corrente: ad ogni alba ci sarà sempre la possibilità di ricominciare ed ogni tramonto ci ricorderà che il tempo passa, lasciando delle sfumature di noi nei colori del nostro domani.

21

A un passo da Bangkok

11 Marzo 2020: l'Organizzazione Mondiale della Sanità dichiara lo stato di pandemia mondiale a causa della diffusione del COVID-19; tra i paesi più colpiti c'è l'Italia.

In Laos, solo un mese prima, avevo incontrato alcuni ragazzi che, pur lavorando in Cina, non potevano rientrare nel paese a causa del Covid. Per sconfiggere quello che allora era considerato soltanto un virus come tanti, il paese aveva adottato una strategia che in occidente sembrava impraticabile: il *lockdown*, una parola inglese che sarebbe divenuta presto di fama internazionale.

«Maria, hai fatto la visa per il Vietnam?»

Maria, una spagnola che avevo incontrato nuovamente in Cambogia dopo averla conosciuta al *project,* mi rispose mentre attaccavo il mio succo d'arancia di colazione.

«Non ancora, ci proviamo tra un paio di giorni.»

«Io ci sto provando da ieri; non so perché, ma il sito sembra non funzionare bene!»

S'intromise nella conversazione una tedesca che sedeva di fianco a noi: «Ragazze, ma non avete sentito? Il Vietnam ha vietato l'ingresso a Italiani e Spagnoli.»

«Cosa?» Esclamai incredula. «Siamo seri? Io non sono in Italia da quasi tre mesi!»

«Ti mando questo link, guarda: qui è spiegato bene.»

«Ah! Quindi se sei inglese o francese puoi entrare in Vietnam anche se arrivi dall'Europa, se invece sei Italiano/a non puoi? Anche se non sei nel tuo paese da tre mesi? Ma non ha senso, questa è discriminazione pura!» Replicai arrabbiata, mentre scrollavo il sito governativo vietnamita dallo smartphone.

Mi trovavo su isola sperduta in cui la gente vive in modo semplice, isolata dal resto del mondo, senza nemmeno la tv in casa; la percezione di quello che stava diventando un virus di portata mondiale era molto diversa da quella che era diventata la realtà nel mio Paese.

L'otto Marzo venne emanato il provvedimento che estendeva il *lockdown* a tutto il territorio nazionale fino al 3 aprile 2020, con possibili estensioni. Essere italiano e trovarsi all'estero, in quel momento storico, non era semplice: se fino a qualche settimana prima, eravamo noi a prendere in giro i Cinesi, identificandoli come i portatori del virus, nell'arco di poche settimane divenimmo gli untori della nuova peste in Europa. Gli occhi del mondo erano puntati su di noi.

In una sola settimana, l'atmosfera di viaggio era nettamente cambiata: chi aveva scelto di viaggiare a lungo, però, non aveva intenzione di fermarsi, così molti francesi, tedeschi e olandesi che erano sull'isola come me, decisero di dirigersi verso altri paesi come Malesia, Thailandia, Filippine, Vietnam e India. Io pensavo di fare la stessa cosa ma, dato che non potevo entrare in Vietnam, prenotai un volo per Manila; l'aereo sarebbe partito soltanto qualche giorno dopo. L'illusione di poter approdare su un altro paradiso terrestre durò poco: a distanza di un solo giorno tutti i voli internazionali per le Filippine erano stati cancellati e anche Manila entrava in lockdown.

La situazione stava degenerando ovunque, ma io non volevo mollare.

Qualcosa al di fuori dal controllo di tutti, e quindi anche dal mio, stava avvenendo. Gli eventi mi chiedevano di stravolgere ancora una volta i miei piani. Al mondo sicuramente non interessava cosa quel viaggio significasse per me, cosa quella vita in infradito e pantaloncini immersa nella natura mi stesse insegnando. A prescindere da quello che stava accadendo dentro di me, la vita lì fuori avrebbe continuato a scorrere secondo le sue leggi e le sue regole; siamo minuscoli, ma parte di un ingranaggio così grande che l'universo, coi suoi colpi di scena, sembra volercelo ricordare ogni tanto, giusto per rimetterci in riga.

Quella sera mi diressi verso la parte più centrale dell'isola per comprare dei biscotti, desideravo qualcosa di dolce. Raggiunta la via principale, la mia attenzione fu rapita da un gruppo di ragazzi che discuteva animatamente; non troppo lontano da loro, c'erano dei soldati armati.

«Che cosa sta succedendo?» Chiesi a Rita, una ragazza italiana che faceva la volontaria nell'ostello accanto al mio.

«Stanno dicendo a quelli che lavorano al bar che devono chiudere perché c'è troppa gente; a quanto pare hanno trovato un ragazzo positivo al Covid sull'isola accanto, e sembra vogliano chiudere tutti i bar e ostelli dell'isola.»

La situazione stava ormai precipitando anche lì.

Decisi di giocarmi l'ultima carta disponibile, l'Australia. Sarei dovuta entrare nel paese nei mesi a seguire ma, date le circostanze, avevo solo due possibilità: entrare in Australia o tornare in Italia. Per entrambe le opzioni avrei dovuto lasciare l'isola e tornare nella capitale, e da lì prendere un volo internazionale. Stesa sul letto, scrollavo sullo smartphone le notizie da tutto il mondo, la prima ad attirare la mia attenzione fu una: anche l'Australia imponeva il lockdown in tutto il paese. Un'agghiacciante sensazione di tristezza attraversò il mio stomaco fino ad arrivarmi al cuore: il mio viaggio era ufficialmente finito; dopo tutto quello che avevo superato per essere lì, non potevo crederci. Dovevo fare l'ultima cosa che avrei voluto e rientrare in Italia.

Ancora una volta, la vita mi stava dicendo che non sempre le cose vanno come vogliamo, che non tutto dipende sempre e interamente da noi. Siamo responsabili solo dei nostri comportamenti, delle nostre scelte e decisioni; possiamo controllare solo noi stessi, perciò dobbiamo imparare ad accettare e ad assorbire tutte quelle variabili che non dipendono direttamente da noi. La vita stava ricalcando il concetto, sembrava volesse mettermi alla prova.

Piansi.
Ma piangere fa bene, ci libera.

Il motore si accese scoppiettando, la barca partì; mi allontanavo da quel mare cristallino, da quelle spiagge bianche e incontaminate, da quel nido di pace che mi aveva coccolata fino alla fine.

In quei mesi, però, qualcosa l'avevo imparata. Sapevo quanto fosse disfunzionale attaccarsi alle idee e alle proiezioni future, non volevo piangermi addosso e disperarmi; da una parte accettavo quel sentimento triste e legittimo, dall'altra mi concentravo su sentimenti positivi come la gratitudine per l'esperienza che avevo vissuto e il coraggio che mi aveva accompagnata fin lì. L'attaccamento alle nostre proiezioni genera sofferenza, e solo l'accettazione può liberarci da ciò che ci fa soffrire.

Era il momento di mettere in pratica ciò che avevo imparato, o almeno di provarci.

***

«Finalmente domani partiremo, sarà una settimana che cerchiamo di andare via.»

«Partite tutti?» «Resta solo Giovanni che è in attesa della visa tailandese, domani poi arrivano altri ragazzi che abbiamo conosciuto e vanno a stare in un ostello qui vicino; se ti va, ti passo il loro contatto.» Mi rispose Roberto, un ragazzo italiano che avevo incontrato poco prima.

«Sì certo, grazie! Cercherò anch'io di prendere il primo volo disponibile e rientrare al più presto, ormai non ha più senso stare qui.»

Nell'ostello c'era un'atmosfera stranissima, tutto sembrava uguale a sempre, la gente chiacchierava rilassata a bordo piscina mentre sorseggiava cocktail pagati tre euro durante l'happy hour, la *hall*, però, era piena di gente che aspettava il tuk tuk[53] per raggiungere l'aeroporto. Se da una parte cercavamo di resistere mantenendo lo stesso comportamento di sempre, dall'altra il mondo ci stava costringendo a scappare via da lì per raggiungere un posto più sicuro, dove poter sperare di curarsi in caso di contagio.

---

[53] Un taxi a tre ruote utilizzato prevalentemente nel sud-est Asiatico.

«Hai letto?» Chiese Gianni.

«Che altro è successo?»

«Da domani i cittadini italiani non potranno fare scalo nemmeno in Thailandia, a meno che non si siano sottoposti al Covid test.»

«Sei serio? Quando hanno emesso quest'ordinanza? Sul sito della Farnesina non c'è.»

«Oggi.»

«Quindi significa che non potremo fare scalo a Bangkok. Non mi ci lasceranno passare, cazzo! Non ci voleva!»

L'ambasciata Italiana stava intanto raccogliendo i nostri dati, ma non offriva alcuna soluzione pratica per il rimpatrio. I siti delle compagnie aeree sembravano impazziti, in aeroporto non era possibile acquistare biglietti aerei, le compagnie non rispondevano al telefono, i tabelloni negli aeroporti indicavano lunghe liste di voli cancellati. C'era il panico, nessuno sapeva cosa fare e nessuno sembrava poterci aiutare.

«Salve, mi saprebbe indicare quali compagnie aeree consultare? Non so più dove cercare, sembra non ci siano più voli, o quelli disponibili sono poi cancellati. La Thailandia ha chiuso i confini, ma dalla Cambogia è impossibile raggiungere l'Europa senza fare scalo a Bangkok.»

«Mi dispiace. L'unico consiglio che posso darle è quello di arrivare in Europa prima possibile; cerchi un volo che faccia scalo altrove e vada via di lì al più presto.»

Molto incoraggiante, pensai.

«Sì, capisco, ma saprebbe dirmi con quale compagnia posso volare?» «No, mi dispiace; deve cercare.»

Dopo quella telefonata inutile al consolato italiano, capii che era il caso di rimettermi a cercare da sola, tanto nessuna istituzione mi avrebbe aiutata ad andare via da lì. Con l'aiuto di mio fratello e di una sua amica agente di viaggio, dopo avere letto mille documenti e consultato diverse compagnie aeree, prenotai un volo che aveva come destinazione Zurigo, e che sarebbe passato prima da Singapore e da Dubai. Da lì, con un treno o un volo speciale Alitalia, avrei raggiunto Roma. Non era il massimo attraversare tutta l'Italia, ma dovevo comunque attraversare metà del globo terrestre. Sarebbe cambiato poco.

***

Ore 18:00. Sedevo in aeroporto in attesa che il gate aprisse. Ogni dieci minuti mi alzavo per controllare il tabellone sperando che il volo per Singapore venisse confermato, uscivo dall'aeroporto, fumavo qualche sigaretta e rientravo, mi guardavo intorno e aspettavo. Dopo due ore circa, il tabellone indicava che erano stati cancellati tutti i voli tranne due. Quaranta minuti ancora e accanto al mio volo si accese la scritta *scheduled,* programmato. Tirai un sospiro di sollievo e corsi a mettermi in fila.

Non avevo la più pallida idea di cosa sarebbe stato della mia vita una volta raggiunta l'Italia: non vivevo lì da più di dieci anni, ormai, e non avevo nemmeno un lavoro, ma di questo mi sarei occupata più tardi. Sapevo che un viaggio di sola andata portava con sé dei rischi, ne avevo considerati parecchi prima di partire ma la vita sa sempre come sorprenderci; infatti a una pandemia mondiale proprio non avevo pensato. Chi avrebbe mai potuto immaginare che più paesi nel mondo potessero chiudere i propri confini contemporaneamente e che la gente avrebbe smesso di viaggiare? Ma non era quello il momento giusto per perdersi in quei pensieri, in quel momento dovevo riuscire a fare soltanto una cosa: salire su quell'aereo.

Era il mio turno.

«Passaporto.»

«Eccolo.»

«Lei è Italiana?» Mi chiese l'addetta di volo con aria minacciosa e scocciata. Non feci in tempo a risponderle che continuò:

«Vive in Svizzera?»
«No, ma da lì andrò direttamente in Italia. Ho chiamato l'ambasciata e mi hanno detto che posso farlo.»

«Se non vivi in Svizzera, non puoi salire su quest'aereo.»

«Ascolti: io non sono in Italia da tre mesi. In Svizzera non è possibile entrare solo se si è stati in Italia negli ultimi quindici giorni, però io non vengo dall'Italia, ma dalla Cambogia e da tre mesi di viaggio. Capisce quello che sto cercando di dirle?» La signora mi ignorò completamente, mi restituì il passaporto e invitò il prossimo ad avvicinarsi allo sportello.

«Senta, lei: non può trattarmi così!» Urlai. «Non può vietarmi di salire su questo volo solo perché sono Italiana! Non sono in Italia da tre mesi, ho il diritto di salire su quest'aereo!»

Ero incredula e sotto shock: mi stavano vietando di salire a bordo di un'areo perché ero Italiana. Seduta per terra e con le lacrime piene di rabbia, ero circondata da gente di tutte le nazionalità, e tutti stavano salendo su quell'aereo che a me era vietato prendere. Non avevo mai sopportato le ingiustizie, l'Italia era l'unico paese in Europa in quel momento a essere in lockdown, ma presto molti altri paesi l'avrebbero imitata. In quella situazione di panico generale ognuno faceva un po' quello che gli pareva, soprattutto le compagnie aeree.

Dopo qualche lacrima mi tirai su e tornai dalla supervisor per cercare di far valere le mie ragioni, ma fu fiato perso: la signora invitò il personale della sicurezza ad allontanarmi. Dovevo arrendermi: non avrei mai preso quel volo.

Erano le dieci di sera e nessuno poteva aiutarmi. Dopo aver ingoiato l'amara realtà mi rimisi lo zaino in spalla, chiamai l'ennesimo tuk tuk e tornai in ostello. Afflitta e sconsolata, bevvi un paio di birre. Non sapevo cosa fare e come uscire da quella situazione.

Ero ufficialmente bloccata in Cambogia.

***

«Ragazzi! Dopo aver esaminato attentamente la situazione, credo che l'unica soluzione per rientrare in Italia sia arrivare a Bangkok.» Proposi con decisione.

«Alcuni mi hanno detto di cercare voli per Singapore.» Mi rispose Sasha.

«Singapore ha chiuso oggi l'aeroporto.»

«Ah, ecco! Perfetto.» Disse Manuela.

«Ragazzi, l'ambasciata Tai ha ancora il mio Passaporto; se non me lo restituiscono, non posso partire. Questa situazione è un vero casino, io proporrei di affittare una casa in qualche campagna e starcene lì tranquilli.»

Gianni era il più rilassato di tutti. Non sembrava avesse tanta voglia di rientrare.

«Ragazzi, per chi vuole andar via, il piano è questo: domani mattina sveglia presto e ci dividiamo in due gruppi; alcuni vanno in ambasciata per capire se possiamo fare la visa Tailandese, mentre gli altri vanno in ospedale per capire se possiamo fare il Covid test e come funziona. Ci state?» Il mio piano d'attacco era questo.

«Quindi se non abbiamo preso il virus fino ad ora, lo prendiamo andando in ospedale domani? Mi sembra una mossa intelligente. Ribatté Lars con sarcasmo.

«Esattamente,» Risposi.

Ridemmo tutti. Eravamo davvero in una situazione tragicomica.

«Non abbiamo molte alternative.»

Dall'esito negativo del tampone, avevamo solo settantadue ore per prendere un volo aereo per Bangkok, dopodiché avremmo dovuto rifare il tampone. Era una corsa contro il tempo che non sapevamo se avremmo mai vinto. Nel frattempo dovevamo trovare un volo che ci portasse via di lì, passando per Bangkok. Ma non c'erano voli e non sapevamo se avremmo ricevuto i risultati in tempo.

Eravamo in fila in ospedale con tantissima altra gente, faceva caldissimo ed eravamo tutti vicini, senza alcuna distanza di sicurezza. Sergio, un ragazzo siciliano che avevamo conosciuto mentre eravamo in fila, aveva fatto il tampone poco prima di noi.

«Ragazzi, fa malissimo, cazzo! T'infilano sta roba così in fondo nel naso che sembra entrarti nel cervello.»

Ci guardammo spaventati, ma tanto peggio di così...

«Ma tu perché lo stai facendo, hai un biglietto per l'Italia?» Gli chiesi, cercando di carpire informazioni utili.
«A dire il vero io vivo e lavoro in Cambogia, ma la compagnia per cui lavoro vuole mi trasferisca per questo periodo in Thailandia. Dicono che lì la sanità sia migliore, qui invece se ti ammali sei morto.»

«Bene! Infonde proprio serenità il nostro amico Sergio!» Scherzò Manuela. Avremmo potuto farci prendere dalla frustrazione e dalla rabbia, vedendo i nostri concittadini europei tornare a casa con comodi voli di rimpatrio a quattrocento euro mentre noi dovevamo fare mille peripezie per salire su un aereo e tornare in Italia, ma gli eventi per fortuna ci avevano fatto incontrare e quell'imprevisto nel mio viaggio d'avventura aveva un gusto meno amaro grazie a Manuela, Lars, Sasha, Giovanni e Sara. A volte ci sentivamo senza via d'uscita e tutto sembrava remarci contro, ma poi tornavamo a ridere, a prenderci in giro e a farci coraggio.

Il giorno dopo recuperammo il nostro certificato. Eravamo tutti negativi al test, ma scoprimmo che quel risultato non serviva più. Il governo tailandese, in seguito alle numerose pressioni esercitate dalle istituzioni europee, aveva deciso che non era più necessario sottoporsi al Covid test per fare scalo a Bangkok, un semplice certificato medico che attestasse l'assenza di sintomi del Covid19 sarebbe andato bene.

Eravamo increduli: avevamo trascorso più di mezza giornata in fila sotto il sole, correndo il rischio di infettarci in ospedale, per qualcosa che ormai non serviva più.

«Allora ragazzi: domani andiamo prima all'ufficio prenotazioni di Thai Airways e poi a fare il certificato, proporrei una sveglia alle sette poiché sicuramente ci sarà una fila lunghissima.» Dissi.

«Eh sì capitano, tanto ormai, per un motivo o l'altro, ci svegliamo ogni giorno alle sette.» Rispose Lars, che intanto aveva preso a chiamarmi *capitano.* La cosa mi faceva ridere: non mi interessava avere quel ruolo, stavo solo cercando di trovare delle soluzioni e tutti sembravano convenire con le mie proposte.

«L'ambasciatore ha confermato che gli ultimi due voli che da Phnom Penh arrivano a Bangkok partono il 25 e il 27 Marzo, dopodiché non ci saranno più voli operati da Thai Airways e non ci saranno più compagnie che volano a Bangkok dalla Cambogia. Dobbiamo assolutamente prendere questo aereo e arrivare a Bangkok.» Era questa la prossima missione: trovare i biglietti.

L'indomani eravamo nell'ufficio della compagnia. «Abbiamo bisogno di sei posti per il 25 Marzo.» Esordimmo.

«Non ci sono più voli per il venticinque Marzo.» rispose l'addetto.

«La solita fortuna attaccata al culo, insomma.» Replicò Sasha.

«Ma la sfiga ci segue o cosa?» Rincarò Manuela.

«Qualcuno qua ci ha fatto una fattura.» Esagerò Giovanni.

«Giovanni! Ma cosa dici *fattura*, che gli altri nemmeno ti possono capire!»

«Perché no?»

«Perché è un'espressione che si usa dalle nostre parti, ma non in tutta Italia.»

«Ma cosa significa?» Chiese Sara.

«Ragazzi non possiamo parlare del malocchio adesso, abbiamo problemi più seri.»

Mi rivolsi all'assistente:

«Mi dica che ci sono posti per il ventisette, qualsiasi paese in Europa va bene.»

L'addetta delle prenotazioni pigiava ripetutamente i tasti sul computer. Calò il silenzio, ci guardavano tra noi. Era la nostra ultima occasione. «L'unico volo disponibile è per Oslo, Norvegia.»

Non avevamo scelta.

Dopo l'esperienza di Zurigo, sapevo che sarebbe stato rischioso arrivare in aeroporto con un biglietto che non aveva come destinazione finale Roma. Così oltre al volo per Oslo acquistammo altri due voli: Oslo – Londra, Londra – Roma; da lì ci saremmo divisi per raggiungere le nostre case, sparse per tutta l'Italia. Avremmo viaggiato per un totale di settantacinque ore, sicuramente il viaggio più lungo della mia vita.

Se avessero cancellato un solo volo, avremmo perso tutte le coincidenze e di conseguenza tutti i soldi. Era molto rischioso, ma era il *qui e ora*.

***

Il ventisette Marzo alla fine arrivò e, a quindici giorni dal mio arrivo nella capitale, salivo su un aereo diretto in Europa.

La vita in pantaloncini e infradito nell'altro continente era finita. L'aria gelata dell'inverno ci sbalzò nella realtà senza preavviso: gli aeroporti erano vuoti, i negozi chiusi; non potevamo nemmeno comprare del cibo. Trascorsi l'ultima notte di viaggio a Roma Fiumicino. Non ero più abituata a quelle temperature fredde, ero stanca e assonnata. Il pavimento era troppo ghiacciato e le sedie troppo scomode; non riuscivo ad addormentarmi, così mi avvolsi nella coperta di pile, firmata Thai Airways e mi addormentai sui nastri neri per il trasporto bagagli, l'unico letto disponibile per quella notte.

Dopo settantacinque ore di viaggio, stanca ma felice, atterravo nel deserto aeroporto di Bari – Palese, lo stesso da cui una me ragazzina di dieci anni prima era volata verso Londra e un'altra me col cuore a pezzi, pochi mesi prima, era partita chiedendosi chissà quando sarebbe tornata a *casa*.

Epilogo

Verso me

Proprio quando avevo deciso di partire per prendere una pausa dalla frenesia della routine e ritrovare me stessa in un viaggio in giro per il mondo gli eventi mi avevano costretta a fermarmi dove tutto era iniziato dieci anni prima, in Italia.

Dai suoni della natura ero improvvisamente passata al silenzio della città, dalla vitalità degli ostelli alla desolazione di un B&B nascosto tra i vicoli del borgo antico. Nonostante la mia famiglia abitasse a soli quindici minuti da lì, la pandemia ci aveva separati. Non eravamo i soli: il Covid19 aveva diviso molti figli dai genitori, nipoti dai nonni, amici dagli amici, fidanzati dalle fidanzate, intere famiglie nella stessa città o nello stesso paese, nel mondo intero.

In giro regnava un'atmosfera surreale. Le strade erano vuote, i negozi chiusi, si poteva uscire solo previa autocertificazione. Quello che fino a poco tempo prima consideravamo normale come bere una birra, incontrare amici, andare in palestra, pranzare fuori o viaggiare, tutto d'un tratto era diventato proibito. Il virus aveva lanciato il mondo intero in un caos senza precedenti e in un modo o nell'altro tutti abbiamo pagato un prezzo a partire dalla cosa più preziosa che abbiamo: la libertà.

Anche se le ore a disposizione erano sempre le stesse, le giornate sembravano arrotolarsi su se stesse, allungandosi infinitamente. Incoraggiati dalla noia, abbiamo sperimentato nuove attività e passatempi, o finalmente dedicato del tempo a cose che rimandavamo da tempo. Quel nuovo spazio temporale è stato dunque per molti un'opportunità per rompere gli automatismi di sempre e cimentarsi in nuove esperienze. Abbiamo avuto anche più tempo per pensare e riflettere su noi stessi, incoraggiati e a volte costretti da un vuoto temporale che prima cercavamo di riempire con qualsiasi altra cosa, pur di non prenderlo troppo sul serio. Costretti alla distanza e alla separazione, abbiamo avvertito la mancanza di chi amiamo o, al contrario, ci siamo sorpresi nel non sentirne alcuna; abbiamo interrotto abitudini che hanno ceduto il posto ad altre, vissuto il vuoto di incontri privi di abbracci e subito lo sguardo sospettoso di chi ci scrutava durante uno starnuto o un colpo di tosse.

***

Non era affatto facile, in uno spazio limitato, domare la mente che, sentendosi minacciata dall'assenza di immediate prospettive e programmi, non faceva altro che sfornare nuovi pensieri. Non poter pianificare il futuro generava in me uno stato d'ansia, preoccupazione e impazienza. La mente, allora, si rifugiava nei ricordi del passato. In un limbo tra passato e futuro, soltanto chi sa gestire la propria mente e i propri pensieri senza diventarne schiavo è capace di rimanere nel difficile presente.

Nonostante cercassi di mantenere l'atteggiamento positivo e calmo che mi aveva accompagnata durante gli ultimi giorni di viaggio, il *lockdown* italiano mi mise seriamente alla prova. Mille emozioni negative presero a bussare alla mia porta: la tensione accumulata durante il lungo viaggio di ritorno, la rabbia e la delusione per quella nuova fine imposta, i ricordi ingombranti di un passato che cercavo con fatica di lasciarmi alle spalle, il dolore di ferite vecchie ma ancora fresche, l'ansia per l'incertezza del futuro.

Cosa sarebbe stato della mia vita adesso? Cosa avrei fatto quando tutto sarebbe finito? Perché non ero ancora riuscita a superare la fine della mia storia?

"Sono sempre la stessa di prima?" Mi domandavo arrabbiata.

Mi fermai a riflettere, cercando di collegare tutti i passaggi che mi avevano portata lì, inclusi gli eventi che non avevo scelto. Qualche mese prima ero partita con un obiettivo preciso: imparare a stare bene con quello che c'era, ovunque nel mondo, senza alcuna certezza oltre me stessa. Le circostanze impreviste, però, mi avevano riportata a *casa.* La scenografia del mio viaggio era cambiata completamente: non ero più circondata da paradisi naturali e luoghi dalla bellezza travolgente ma, pensandoci bene, l'obiettivo del mio viaggio era ancora realizzabile. Avevo provato a me stessa di sapermela cavare in mille situazioni e sfide diverse, questa era la più importante di tutte. Senza più certezze e distrazioni, sapevo che l'unico posto in cui potevo continuare a cercare era dentro di me. Non volevo più che persone speciali o piani mirabolanti fossero il trampolino di lancio per la mia felicità; solo io, imparando a dominare la mia mente e i miei pensieri, potevo fare una volta per tutte pace con me stessa e conquistare qualcosa di molto più duraturo della felicità: la serenità della pace interiore.

Se tutto quel che avevo in quel momento erano me stessa, le videochiamate con le amiche, la pizza il sabato sera con la famiglia, la meditazione in terrazzo e la corsa al mare, allora dovevo rivolgere tutta la mia attenzione su questo e praticare la grandezza di un sentimento dimenticato: la gratitudine per tutto ciò che avevo e che la vita mi aveva dato nel frattempo.

Ogni mattina mi sedevo di fronte alla linea più bella che ci sia: quella che separa il mare dal cielo e che ci offre un frammento di ritratto dell'infinito.

Ogni volta che contemplavo l'orizzonte mi perdevo in mille domande su cosa ci fosse al di là dell'azzurro del cielo o di quella linea perfetta, ma poi sceglievo spontaneamente di accettare quel *non sapere* e di rimanere vigile a deliziarmi di quello spettacolo per quello che semplicemente era: una carezza delicata tra cielo e mare. Di fronte al mare, accettavo di non perdermi nell'ignoto spazio del suo orizzonte e di rimanere ferma ad ammirare la sua bellezza. Accettando la realtà smettiamo di porci domande, ci liberiamo da quella fastidiosa ansia di voler sapere sempre tutto, di trovare un senso dietro a qualsiasi cosa, di capire quello che forse non capiremo mai.

Soltanto accettando il presente in qualsiasi sua forma, colore e sensazione, potevo realmente liberarmi dal nostalgico ricordo del passato e dall'ansia del futuro; solo l'accettazione della realtà, con l'esercizio della mente a *stare con ciò che c'è e non in ciò che non c'è*, potevo liberarmi dalla sofferenza. L'accettazione è la più grande forma di liberazione.

Per tanti giorni ho continuato a sedermi di fronte al mare. Passo dopo passo, giorno dopo giorno, sceglievo di accettare che il mio viaggio era finito, che la mia vita stava cambiando, che le mie priorità erano diverse, che la mia storia era finita. Che avrei vissuto mesi di incertezza senza sapere quale sarebbe stato il mio prossimo lavoro o in quale città avrei vissuto, che avrei trovato delle risposte o forse no, che non possiamo essere sempre sorridenti e felici, ma va bene ugualmente. Si andava così definendo in me un nuovo equilibrio: quello tra ciò che potevo controllare e ciò che invece dovevo lasciare andare; quello tra il tentativo di determinare cosa volevo e la capacità di arrendermi agli eventi che non dipendevano da me.

Accettare è stato il primo passo per trovare le mie risposte. Forse proprio quando avevo quasi smesso di cercarle. Sì, ero sempre la stessa: fragile e un po' aggressiva, con la voglia di controllare quasi tutto e un grande bisogno d'amore. Ero sempre io, con i miei pregi e difetti, con le mie perfezioni e imperfezioni che si abbracciano e si fanno la guerra. Ero sempre io, come noi siamo sempre noi, perché non cambiamo, ma invece ci trasformiamo, ci evolviamo e cresciamo. E l'unica cosa che può renderci diversi e migliori, che ci salva dai noi stessi nel tempo è la consapevolezza.

Essere individui consapevoli significa acquisire saggezza e finalmente comprendere davvero chi siamo, nel bene e nel male; cosa ci fa stare bene oppure no, ciò di cui abbiamo bisogno, come funzioniamo e come reagiamo, quali sono le nostre debolezze e i punti di forza, come pensa la nostra mente e come ci allontana dall'essenza del momento o da chi siamo veramente.

La consapevolezza è il filtro attraverso il quale ci guardiamo dall'esterno per comprendere meglio quello che da vicino non riusciamo a vedere o capire di noi stessi. Ci consente di modificarci per migliorare, crescere e diventare la versione migliore di noi.

Accettavo così di non sapere, di non controllare, di lasciar andare, di non combattere le mie emozioni ma di accoglierle; di smetterla di pretendere o aspettarmi di più, di dedicarmi solo a ciò che mi interessava e mi faceva sentire bene; di essere grata a tutto: a me stessa, alla mia vita e a chi avevo incontrato nel mio cammino nel bene e nel male, perché anche il male può diventare bene, dipende soltanto da che punto guardiamo alle cose.

Decidevo che volevo sorridere di più, lamentarmi di meno e continuare a crescere senza badare ai titoli, al successo o ai soldi, ma allenandomi a praticare l'umiltà, la pazienza e la compassione per me stessa e per gli altri.

Per tanto tempo avevo vissuto nelle illusioni di un passato che non torna e un futuro dipinto a mano, ma l'unica realtà che tornava ad esserci davvero era il presente, il qui e ora, l'unica opportunità che abbiamo per amare ancora, per viaggiare e lasciar andare ciò che non ci appartiene più, per smettere di combattere contro noi stessi, per liberarci dal peso del giudizio altrui, per iniziare a fare davvero quello che vogliamo e non quello che gli altri si aspettano da noi; per liberarci da chi non ci fa sentire bene, ci critica e vede in noi solo il peggio.

Il presente è l'opportunità che abbiamo per capire che possiamo essere pessimi per alcuni, ma meravigliosi per altri. Che tutti, senza distinzione, meritiamo di essere amati e felici, tutti sbagliamo e commettiamo errori, ma la consapevolezza può aiutarci a rivoluzionare la nostra vita.

Viviamo pensando che ci sarà sempre tempo per andare, per osare, per innamorarsi, per chiedere scusa, per dire ti voglio bene o ti amo, per viaggiare lontano, per fare quello che veramente vogliamo, ma la vita è adesso.

***

Viaggiare consente di connetterci con due realtà contemporaneamente: il mondo e noi stessi. Un tuffo nella diversità e nell'ignoto, un cammino che può farci toccare con mano pezzi di un mondo che non appartiene alla nostra quotidianità. Viaggiare è avvicinarsi e capire quello che non si vede, è venire da lontano per scoprire da vicino. È una sintesi di incontri, avventure e sorprese, è un percorso che può condurci nel posto più misterioso che ci sia, la nostra interiorità.

Cos'è, in fin dei conti, la nostra vita se non la metafora di un viaggio? Quello che conduciamo ogni giorno, senza mai andare via dalla nostra vera *casa*: corpo, mente e cuore. Le pagine di un racconto pieno di ricordi, delusioni, paure, momenti difficili, rinunce, gioie, successi e momenti indimenticabili.

Ed è questo il vero viaggio, il più importante, quello che da fuori ci porta dentro di noi, quello che con consapevolezza compiamo verso noi, quello che mi ha portata verso me.

In viaggio verso me sono scesa in profondità, perché più conosciamo il nostro mondo interiore, più accettiamo le nostre emozioni e più riusciremo a comprenderle e a governarle, e grazie alla consapevolezza, riusciremo a padroneggiarle senza lasciarci sopraffare.

Quando impariamo a gestire le emozioni, impariamo anche a sapere soffrire senza precipitare nel buio. Quando conosciamo i nostri meccanismi e li osserviamo con coscienza, smettiamo di essere vittime di noi stessi e diventiamo i veri responsabili della nostra vita.

In questo viaggio verso me ho ritrovato il coraggio di essere me stessa senza la paura di non piacere o di essere giudicata, di non essere apprezzata o non essere più amata; ho scelto di proteggermi e di amarmi davvero, di dedicare il mio tempo a ciò che davvero mi faceva stare bene. Non ho scelto con l'aspettativa di ottenere qualcosa in cambio o di arrivare da qualche altra parte; non l'ho fatto per il successo della fine ma per il piacere del mezzo. Il mezzo è il presente, l'unico spazio che conta realmente, quello in cui dobbiamo fare ciò che realmente ci fa stare bene e non quello che ci sembra giusto oggi in nome di un futuro migliore che non sappiamo se mai arriverà; o perché è logico e ha senso.

Non deve avere tutto senso.

Se dovessimo fare le cose che vogliamo o sentiamo solo perché motivati da valide ragioni, non faremmo mai nulla e vivremmo come macchine.

Solo quando troviamo il coraggio di essere veramente chi siamo e di fare davvero quello che vogliamo, qualcosa di magico accade senza troppi sforzi: le componenti della nostra vita si rimodellano in nuovo e naturale equilibrio capace di riflettere come uno specchio il nostro equilibrio interiore.

Prima di arrivare a questo punto, però, la vita ci mette in gioco con sfide che non sempre pensiamo di poter superare, anzi: molte ci destabilizzano e ci spaventano mettendo a nudo i nostri lati più deboli, quelli che non sembravamo conoscere. Allora dobbiamo prendere delle decisioni: possiamo continuare a brancolare nel buio della nostra anima, oppure salvarci. In quei momenti è molto difficile scegliere ma bisogna rischiare, perché il primo passo non ci porterà dove vogliamo, ma ci toglierà da dove siamo. Ed è sempre meglio provare a cambiare qualcosa, piuttosto che stare fermi e vedersi sprofondare.

Immaginiamo che i passi che scegliamo di intraprendere siano i pezzi mancanti di un grande puzzle. Per scoprire il pezzo giusto, è fondamentale entrare in ascolto di noi stessi e scegliere i pezzi che davvero ci appartengono, il che significherà anche prendere decisioni che sembreranno non avere molto senso. Se dentro sentiamo una spinta che sembra indicarci una data direzione, significa che quella è la via. Di primo acchito potrebbe farci paura, potremmo pensare che è una scelta azzardata o troppo rischiosa, che dovremmo valutarne le conseguenze; tutto vero, ma se in un momento di stallo e difficoltà, l'unica voce che sentiamo dentro è quella che ci suggerisce di cambiare città o lavoro, di iniziare a studiare o di abbandonare gli studi, di chiudere una relazione o correre da chi amiamo davvero, di lasciare tutto per un viaggio di sola andata, di passare più del tempo da soli, di fermarci per ascoltarci, di investire in un'attività o cambiare professione; di iniziare un nuovo corso, sport o hobby, presto quella situazione di stallo si trasformerà in qualcosa di nuovo, perché avremo superato la paura e con il tempo il senso arriverà e il puzzle sarà completo.

I pezzi mancanti rappresentano dei tasselli necessari nella nostra vita. Sono un po' come le stelle del cielo che ci abita: se ci mettiamo in nostro ascolto, se viviamo con coraggio e non lasciamo che le paure e le emozioni negative abbiano la meglio su di noi, se diamo priorità a quello che vogliamo per noi stessi rispetto a ciò che gli altri vogliono per noi, se seguiamo i nostri flussi accettando i cambiamenti, accogliendo le trasformazioni e le nostre nuove priorità; all'improvviso quelle stelle si allineeranno in un disegno: La mappa di un viaggio fantastico.

Il viaggio verso noi, quello che mi ha portata verso me.

Printed by Amazon Italia Logistica S.r.l.
Torrazza Piemonte (TO), Italy

37081017R00155